H. C. Artmann:

Das im Walde verlorene Totem

Prosadichtungen 1949–1953

Mit einem Nachwort von
Hannes Schneider

Zeichnungen von Daniela Rustin

Deutscher
Taschenbuch
Verlag

dtv

Von H. C. Artmann
ist im Deutschen Taschenbuch Verlag erschienen:
Die Anfangsbuchstaben der Flagge (sr 85)

Ungekürzte Ausgabe
November 1972
Deutscher Taschenbuch Verlag GmbH & Co. KG, München
Lizenzausgabe mit freundlicher Genehmigung des Residenz Verlags Salzburg

Umschlaggestaltung: Celestino Piatti
Gesamtherstellung: C. H. Beck'sche Buchdruckerei, Nördlingen
Printed in Germany · ISBN 3-423-05412-3

Das Buch

»Artmanns frühe Prosadichtungen – verstreut in Zeitschriften, Rundfunkmanuskripten, lange verschollen, hier vollständig versammelt – sind Gedichte in Prosa ... Preziöse Lyrismen, Jugendstil-Miniaturen, morbide Grandezza des Findesiècle: Diese kleinen Sachen begründeten Artmanns Ruf, als er erst wenigen Eingeweihten bekannt war; nun zeigen sie der großen Schar der Artmann-Gemeinde im nachhinein eine unbekannte Seite des ›Sylbenstechers‹. Adäquat die Illustrationen von Daniela Rustin: Blitzlichter in ein fantasmagorisches Reich zwischen Wachen und Traum, von graziöser Schwerelosigkeit wie Artmanns blutendes Herz aus lila Papier. Ein literarisches Dokument (auch dank des akkuraten Nachworts) und eine bibliophile Kostbarkeit.«

Nürnberger Zeitung

Der Autor

H(ans) C(arl) Artmann wurde im Juni des Jahres 1921 in St. Achatz am Walde geboren, schreibt Lyrik und Prosa, versucht sich in Dramatik, lebt je nach Stimmung in den Städten Europas (so auch in Malmö), liebt alles Gute und Böse, bekennt sich zum Positiven, das letzten Endes doch immer siegen muß, denn: wo kämen wir sonst hin.

Einige Werke: ›med ana schwoazzn dintn‹ (1958, 1959), ›Von denen Husaren & c.‹ (1959), ›Schnee auf einem heißen Brotwecken & c.‹ (1964), ›Verbarium‹ (1966), ›Dracula, Dracula, ein transsylvanischer Text‹ (1966), ›Grünverschlossene Botschaft‹ (1967), ›François Villon: baladn‹ (1968), ›Die Anfangsbuchstaben der Flagge‹ (1969, dtv-Band sr 85), ›Die Fahrt zur Insel Nantucket‹ (1969), ›How much, Schatzi?‹ (1971).

Greguerías

Das im walde verlorene totem

Die hungrige igelin um eure welke weihnacht
in hundert lohfeuer zu fachen

das verwunschene wiesel um in den bäumen zu lauern
wenn der trunkene weinmond zur erde stürzt

die törichte hindin um die abenteuer
eurer nächte eitel zu verprassen

das kleine unbeholfene haselhuhn um zu beten
wenn der ginster des tags durch die kapelle bricht

den verwundeten eber um nackt zu sein
wenn sich uns die pforte der kaiserlichen gärten auftut

das gläubige reh aber
um silberner becher willen und heiliger buchen

die goldene otter um der göttin zwiespalt
mit wacholder und rosenlaub zu schmücken

den gleisnerischen dachs um die versuchungen
der einsamen padres zu belächeln

und endlich ein stummes eichhörnchen das mit
seidenem schuh von einer ländlichen kirchweih
entflieht

Fantasmagorische greguerías

Was der student aus dem paradies sagte:
Verzeiht mir, frau base, wenn ich eindringe
in die dukatene mittelmässigkeit eurer vorstellung.

Dies ist der lorbeergarten im abendmond:
Ein kühler vogel, der das schimmern der bergeichen
küsst.

Pierrot lunaire et la belle étoile:
Ein gehenkter dieb pfeift sein nachtlied
sachte auf behenden knöchelchen.

Nächtliche erwartung:
Purpurrote beerenfrüchte, die man im dunkeln isst.

Katharina die vornehme alexandrinerin:
Der mond, auf ein regenbogiges rad geflochten,
blutet aus einer blauen wunde.

Andersens märchen:
Der mond in der pappel ist römischer kaiser
geworden.

Die verschleierte eule der gerechtigkeit:
Eine silberhelle wunderampel, die tausend jahre
im diebskasten der tyrannen schläft.

Da meine jüngste schwester von rotem mohn träumte:
Zu häupten meiner grube singt die warme lerche
der verwesung.

Wenn man die liebesbriefe vergangener jahre liest:
Der leichte grüne sommerregen geht barfuss
vor dem fenster auf und ab.

Jenen die den heldentod unter dem herzen tragen:
Vergebliche wacht der soldaten in der bitteren
arznei endloser abenddämmerungen.

Eine kette aus böhmischen granaten:
Mädchen, die im inneren eines fernen hügels
bunte glaskrüge zerschellen.

Orpheus oder der liebestod im juli
dem heissesten monat des jahres:
Der mond ist ein golden gekleideter fährmann
geworden, der auf einsamem wacholdernachen
ans jenseitige ufer übersetzt.

Der fliegende buchhändler:
Eine wahrhaft barocke land-und seekarte
von Hibernien, Neptun dreizackig, der grosse bär
und ein ausgeglühtes sonnengestirn cannibalischer
als Caliban.

u. s. w

Sieben fantasmagorische greguerías

einer hexe gewidmet solange sie dir die taufe weigert

Spiegelbild im gedanken des wiedersehens:
Der wind in der sommerschwülen akazie
wird dir zur leisen goldwaage.

Tränen die du vorlängst weintest:
Ein harmonikalied im schweren
quellgärtchen deiner brüste.

Ein unsägliches mehr:
Wenn du deinen leib — eine starke dunkle blume —
irgendwie in die schwangere nacht fortwirfst.

Dein geengelter mund im mondlicht:
Die böse legende im grünen vespern der kröte.

Als du dein blankes mieder schnürtest:
Ein goldstilles zweiglein nacht
das vom finstern nussbaum fällt.

Das pergamentalte dämmern der morgensterne:
Eine hässliche fledermaus die dein haar krallt.

Aller sieben todsünden schönste:
Der blutrötliche psalter
den uns ein ferner irrer traum schlägt.

Personaggi

Personaggi vom mädchen am gehsteig

Ein *mädchen* welches am gehsteig eines armeleuteviertels sitzt wirft die papierzarten schalen der walnüsse in weitem bogen nach den spuckenden gesichtern der gassenjungen.
Die süssen kerne aber behält sie wie ein geschenk in ihren offenen händen.

Der *mond* über ihr lauert im treppenabsatz einer backsteinvilla und ist ausserdem ein buckliger missgestalteter zwerg der ausschau nach menschenfleisch hält.
Weshalb aber besitzt er nur so einen schönen hellen kopf?
Ich will in seinen rechten augapfel ein haselreis pflanzen das die wurzel tiefer dringen lässt als der schmerz um eine entlaufene geliebte.

Der *schiffsjunge* geht im halbschlaf vorbei und spinnt träume wie ein eroberer der aus irgend einem hafen Cadix ausläuft um die beiden Indien lateinisch zu machen.

Der *reiche dichter* jedoch hat schon genügend geld um einen ganzen globus zu kaufen.
Er lässt sich goldene und silberne münzen mit seinem eigenen bild prägen.

Der *stern Jupiter* hat sich ein auge ausgestossen und springt wie von wilden ruten geschlagen in safranroten jägerstiefeln über sieben unbekannte meere.

Ein *liebhaber* spielt zug um zug auf seinem sentimentalen schachbrett zitternder lavendelfelder.

Eine *gesellschaft reisender* muß vor einer räuberbande flüchten und versteckt sich vergeblich in einem erlenwald der wie ein verschrobener kuckuck nach blut ruft.

Die *alte hexe* schliesslich spiesst viele herzen an ein gespitztes holunderstäbchen und brät sie über einem lustigen feuer aus laub und kien.
Warum ich sie hasse fragt man mich.
Tu ich das?
Ich bekam ein stück, sie bekommt eines, und auch du wirst eines davon essen.

Daniela Rustin 1956

Personaggi vom janitscharenmädchen

Oh du mein schwarzbraunes janitscharenmädchen,
das sanfte hügelgras in dem wir lustig ruhn birgt jahrhunderte vor uns soviel soldatengebein . . . .
wenn das die mutter wüsst . . .

Wie gut warst du immer zu mir, meine süsse königin
unter vielen im grüneichenen märz
. . . . du kämmtest mein haselnussbraunes haar mit deinen fingern.

Du fürchtest dich, lieber kamerad, denn es ist so mutterseelenfinster um uns . . . . . gespenster über allen wiesen ziehen dir die zitternden kleider vom leib . . . . . ein einsamer verlassener rauch kreisst in nächtigen strohschobern die neue generation.

Manchen auch kriecht das eitle gedärm flink durch die staunenden finger . . .
oh der süsse warmduftende waldboden . . . .
kleine käfer . . . .
hölzchen . . . . . .
ein blatt wind . . . . .
die weiche braune nadel singt so gut vom schlafen . . .

Ei, da rufen die lieben kameraden wie die süssen vögel im dornwald ganz sachte vor meinem fenster.
Das grab ist seicht
die erd ist kühl . . . .
schlaft wohl, ich dreh mir mein bett um . . .

Da treten die kleinen spitzbäuche, dick, rund, und die langen dürren mit köpfen wie sand flugs aus dem „marc aurelio“ und fassen sich lieb an den händen.

Brot und salz hab ich gessen
honig hab ich trunken und den schweren gilben wein . . . . .
zwischen wilden blumen im brachfeld wuchs mir eine handvoll blutiger mohn zum abschied.

Personaggi von delphinen

Auf einem grossen grünen walfisch wollen wir nach den Sandwichinseln reiten.

Als von zelten die rede war dachte ich dass der blaue schatten genüge und er hing wirklich wie eine reife frucht von den bäumen. Aber das war schon auf den inseln . . .

Vorerst aber haben wir noch einige sorgen ums tägliche proviant obgleich wir nach vögeln schiessen und nach fischen spiessen könnten denn . . .

Ich lernte manches während dieser zeit. Die sonne stand fast immer im zenith und ich las im handbuch für . . .
Einmal als wir in früherer jugend durch den wald unserer grossväter streiften verschliefen wir oft im warmen gras . . .
es war meistens still in den eichen und ein bach floss murmelnd vorbei.

Wer von uns wird das land als erster erblicken?
Oder rote beeren auf hölzchen treibend?
Ahoi. Wir umziehen das schimmern der rötlichen vorgebirge aber du natürlich verstehst nicht die sprache der cannibalen.

¡e tive maua i te iva!
Bevor wir hungers starben losten wir an gelben strohhälmchen!

71 ost. 3 süd.
Wir haben die farbe gebratener äpfel.
Während der nachtzeit versuchen wir den mond mit dem fischnetz zu fangen.
Wie sorglos doch manchmal das leben sein kann.
Wir finden uns komisch wenn unsere beine im wasser baumeln . . .
Ich habe dich entführt und du hast mich entführt.
Der feine alte gouverneur gibt uns ein reizendes fest mit lampionbeleuchtung . . .
. . . vous êtes très gentil usw. usw. . . .
Wenn wir doch schon auf den inseln wären. Sie sucht sich einzureden dass Sindbad ein heiliger erzlügner gewesen sei. Also wären unsere gefahren weniger *fabel*haft.
Mutige leute schätzen übrigens diese ungewissheit.
Nehmen sie doch bitte Columbus oder die lusitanier . . .
. . . .
¿Ob wir jemals land erblicken werden?
¿Ein taubenpaar?
¿Oder die roten beeren?

Fantasmagorien

Aquella muerta me dijo:
— ¿No me conoces? . . . Pues me debías conocer . . . Has besado mi pelo en la trenza postiza de la otra.
DON RAMON GOMEZ DE LA SERNA

Madeleine

Dies ist die seltsame geschichte von der kleinen Madeleine, einem unartigen sechzehnjährigen mädchen, das seiner tante entlief, als die ausrufer in den jahrmarktsbuden anfingen laut zu schreien.
Ich kannte sie sehr gut, und einmal sogar hatte sie mir gestanden, ihr harem wäre ein alter französisch zugeschnittener garten mit vielen fremdländischen blumen und bäumen, die bis in die kieseligen wege wüchsen.
In diese dunkelgrüne parkdämmerung entwich sie damals und überliess sich vom kopf bis zu den beinen dem schamlosesten aller marmorheroen, faune und pissmännchen, den sie am meisten liebte, und gebar schliesslich eine tochter, welche man nach langem nachsinnen Sylvestra nennen wollte.
Der weisskränzige kaplan aber in der Hubertuskapelle floh vom entsetzen übergossen das vergoldete taufbecken, als die kleine Sylvestra im glitzernden licht der kirchenkerzen, grün wie ein tamariskenblatt, zu glimmen und glosen begann.
Mein betagter obergärtner, der ansonsten ein recht gewissenhafter mann ist, vergass in der aufregung des nächsten morgens die rosen aus dem winterstroh zu hüllen und seine frau, welche eine von den gevatterinnen war, ertränkte sich fast im warmen stachelbeerwein.

Ich kannte auch noch eine andere Madeleine.
Sie hatte aber schon ihr achtzehntes jahr überschritten und ging öfters mit einem jungen strebsamen feinmechaniker aus. Wenn man mich fragt, warum ihn alle so gerne mochten, dann weiss ich mir tatsächlich keine andere erklärung als die, dass er rote backen besass und gute aussichten auf einen lebensabend aufweisen konnte.

Über das hokku

Du sollst das hokku wie eine mutter sprechen die ihrem kind die geschichte vom guten mond erzählt nämlich wie eine schöne junge mutter von einem überaus sanften schönen mond ruhig und verträumt und mit stiller herzlicher freude in den geschlossenen augen. Sie steht am fenster oder irgendauch im warmen gras der sommerlichen gärten der wind schläft schon in den bäumen und die vögel singen nur ganz von fernher . . . . . . so bitte sprich das *hokku.*

Daniela Rustin V.1955.

Märchen vom prinzen

Der prinz reitet in den kalten glasklaren stein des herbstblaugerahmten gebirgs. Der kondor gleitet über ihm wie eine reife frucht, die lange baumelt, eh sie vom mond fällt.
Der kondor lässt zwei silberne pantoffel auf den hämmernden saumpfad fallen: einen linker und einen rechter hand.
„Heb sie doch auf, heb sie doch auf" sagt der biedermännisch maskierte fuchs am wegrand, aber der prinz — sohn der wildgans — traut nicht einmal seinem hofjuden mehr.
Nach sieben meilen schärfsten reitens macht, wie ihr alle wisst, der pfad eine jähe biegung und landet wirr in niedrigem gestrüpp von wacholder und köstlichem speik, das die höhe krönt.
Durch das klägliche miauen einer nackten hexe, die sich ein bein gebrochen hat, wird der prinz von mitleid befallen und schient die wunde mit zarten wurzeln und allerlei geäst.
Darnach verwandelt ihn die dankbare zauberin in einen ganz gewöhnlichen feldstein, wie es noch viele tausend andre gibt.

Rincón de los conspiradores

Einer rumflasche zugeeignet

Mit lauschend gespreizten fingern standen die drei verschwörer an die dunkle wand des kaiserlichen korridors gepresst und wagten kaum, aus ihren mägen zu knurren. Jeanot hatte ein saures aufstossen, Gonzalo kämpfte mühsam gegen den schluckauf, und der dritte endlich, ein gewisser Macferlan, ein schotte, gab sich freilich besiegt, indem er sein seit langem verhaltenes wasser durchs rechte hosenbein abschlug.

Dies ist die historische darlegung der situation, in welche der ahnungslose monarch gerät, der eben in bettkleidung und mit einem nachtlicht versehen seinen bürgerlichen neigungen nachgeht ...

Der vermummte ruf „Tod dem tyrannen" ist in der tat von einiger erschütternder wirkung ...

Daniela

Von einem fernrohr

Als zithermotiv zu betrachten

Sieben im walde vergrabene leichnämer hatten sich zu einer zwanglosen gebeinschaft zusammengetan, um auf diese weise dem ahnungslosen reisenden, dessen weg mehr aus zufall an ihren ungeweihten gräbern vorüberführte, einen neckischen schabernack spielen zu können.

Da aber selten wer vorüberkam, wurden die lauernden freilich ein wenig von der langeweile geplagt und in diesen zeiten pflegte der todälteste, welcher eine angenehme kastratenstimme besass, den anderen altertümliche balladen vorzusingen, während ein zweiter das zimbal schlug.

Die zwei jungen frauen unter ihnen hatte man erst kürzlich erschlagen und sie waren daher noch nicht sehr verwest, was ihnen beim reigentanz recht hübsch anstand, zumal sie frische birkenkränze im gelösten haar trugen.

— Ihr schritt — berichtete mir eines tages ein forstadjunkt, welcher sie in einer müssigen stunde durchs fernrohr erspähte — schien leichtfüssig wie der fortgepustete samen vom verblühten löwenzahn, und die fetten raben über der kleinen waldlichtung konnten sich an der anmutigen szene nicht genug sattsehen . . .

Von einem schädlichen nager

„Die Maus hat treffliche Schutzmittel gegen ihre Verfolger."

STINGL & SPONNER: NATURGESCHICHTE FÜR BÜRGERSCHULEN

Eine hausmeisterstochter hatte ihren vater als geheilten trinker vom Steinhof abgeholt und nachdem sie schliesslich mit ihm zu hause angelangt war, gab dieser seiner genugtuung über das erstaunliche verschwinden der vielen mäuse beredten ausdruck.
Die tochter, ein siebzehnjähriges von allen vorurteilen eines infantilen unverstandes angekränkeltes mädchen, hörte ihm jedoch nur mit halbem ohr zu, was dem sentimentalen alten nicht ohne tieferen grund einen traurigen und resignierten seufzer abrang.
Zum abendessen aber, das immer sehr spät aufgetragen wurde, gab es an diesem tag geröstete knödel mit bohnensalat, ein gericht, das — wenn ich mich recht entsinne — schon in den komödien des Plautus als besonders traumtreibend bekannt war. Es ist daher nur zu verständlich, dass dem hausmeister Augustin Hudec kurz nach mitternacht eine ausserordentlich gutgekleidete weisse maus erschien, um auf seiner brust sitzend mit kaum merklich ungarischem akzent jene bedeutsam profetisch klingenden worte zu sprechen:

— Du hast uns entrechtet, enteignet und aus unserem vaterland verjagt, so dass·dich die geschichtsbücher fortab als Hudec Tyrannos bezeichnen werden, aber wir kommen *wieder*, wir kommen *wieder* ....

...... dabei wurde herr Hudec hellwach und erinnerte sich dass seine frau im besenkammerl ein ganzes gurkenglas mit angesetzten ......

Accident

Für sie allein schnitt der gärtnergehilfe eine seltsame unglückszahl melancholischer herbstblumen. Neben seiner schere lag die morgennasse glyzinie, die pferdeäugige aster und auf langen verliebten stielen das sorgfältige weiss der chrysanthemen. Sooft er vor der türe zu ihrem zimmer hielt, nahm er die rote zipfelmütze vom haar, um zwei tiefe atemzüge zu warten.

„Miguel", sagte sie, „in welche vase meinst du wohl passt dieser oder jener strauss am besten?"

Und sie ordnete sie in diese oder jene.

Als ihr jedoch eines tages aus zufall das halsband riss, kollerten die schönen milchgrauen perlen zwischen den vielen stuhlbeinen davon und Miguel musste auf seinen knien nachrutschen.

Sie stand ein wenig reglos da und lächelte, traumverloren, in einen fernen dunklen abspiegel . . .

Tierfrau
Daniela Rustin 1'69

Selbstportrait

. . . seine schriftzeichen laufen wegmüd und rund im kreis wie entkräftete wanderer, die vergeblich nach dem letzten herdfeuer einer erträumten heimat suchen. Das herdfeuer ist immer wie ein kleiner ausgehungerter dezembermond — *greifbarer* ist dieser — über dem rostigen gittergepfort einer seitengasse. Freilich ist eine ganze mythologie von seitengassen nötig, um die gezeiten eines kleinen dezembermonds in fluss zu halten.
Gegen weihnachten melde ich mich zum krankenrapport . . . Dann werde ich vielleicht im hospital mit gelbsüchtigen mühle spielen. Zwischendurch sehnt man sich etwa nach der hellblauen küchenatmosphäre einer delfter kachelei und vergibt sich dabei zug um zug.
Ein dichter muss das tischtuch seiner quartierfrau selbst *ohne* salz essen können, seine schriftzeichen laufen wegmüd und . . .

Wirkliche szene

. . . *flout' em and scout' em thought is free* . . .
Am letzten mittwoch im juni gaben sie im komödienhaus den „Sturm“ und alles log sich vor, märchenhafte hintergründe immer schon geliebt zu haben. Ich kam freilich viel zu spät und erst im letzten akt. Eine gepflegte stille, die mich überfiel, war lautlos empört. Im dünkleren blut der logenbrüstungen dämmerten bewegt die schönen goldzerschnittenen hände der damen und frau Friedl sah mit umzingelten augen auf den meister, welcher bescheiden hervortrat, um die endlichen worte des epilogs in die zärtlich abgetönte musik der fusslichter zu sprechen.
Es war ein weiches, weites halbrund, das die ampelmatte szene warm umschloss: ein einziger seidenverhüllter pulsschlag . . .

Zwischendurch

Der requisitenmeister hat den spi

Entremes

Das fuhrwerk der erloschenen jugend hielt vor dem portal der gefeierten tänzerin. In diesem augenblick verstummte der wellensittich im salon, die zierfische liessen von ihrem kreisen ab und die drei seidigen angorakätzchen rollten sich erschrocken in den falschen läufer.

Die tänzerin griff mit gespitzten fingern nestelnd nach dem dunklen haarbund den sie streng im nacken trug und flüsterte mit einer um nuancen welker gewordenen stimme:

„Ja, fast dass ich es vergessen hätte, um vier werden doch die schlafzimmermöbel zur versteigerung abgeholt."

Amargura

No dormía, vagaba en ese limbo
. . . .
. . . misteriosos espacios que
separan la vigilia del sueño.
BECQUER

In ein labyrinth von lädchen, falltüren und fächern hatte ich die bittere aloe meines dunkeln weinens gesät.
Der mond sog so starräugig in den blutlosen astern einer sierra von schreibtischen; sein laugiger speichel hatte löschwiege und tintenfass getüncht: birnfarben, somber wie vergloster bernstein, gilb wie ein altes hirschhorn Nimrod . . .
Ein unendlich verstossener erzengel meiner schwächen und dämmerungen, der hinzutrat in den kristallplan meiner herbstblinden fenster — längst erstorben vermeint — nun dem erdinnern entstiegen mit richtbeil, grubenlicht und strickleiter . . .
Von fernher aus dem düstren korridor der abendlichen wälder hörte ich bisweilen verbellende hunde, gongs und die meute der treiber . . .

Tortillas y lunes

Jene dame sass immer in den öffentlichen anlagen auf dem grünen leihstuhl der hoffnung einen mann zu kriegen. Sie tat es mit anstand einen frühling, ja sogar einen ganzen sommer lang, und als endlich ein herbst sehr diskret in den rosenrondells der parks zu knistern begann, kam ich, den knoten einer dezenten einsamkeit lose in die kravatte geknüpft, auf einem spaziergang vorbei.
Sie aber erkannte mich nach so vielem warten nicht mehr und sagte nur: „Dieser herr hat einen sehr staubigen schatten . . . ha ha ha“; da warf ich ihn fort wie kuchenpapier am montag und verlor mich rasch im dunklen gewühl der passanten.

Conga triste

Eine partie domino liegt halbgespielt auf dem café-tischchen, doch eine dohle ist gekommen und hat die schwarzen augen fortgepickt.
Uuuah ch . . . es wird frisch, meine herren, und der absinth schal. In der ferne, wo sich das zuckerrohr mit dem zackigen gebirge vermischt, rötet sich jetzt — unnatürlich wie eine rose vor dem aufblühen — der abend. Irgendwo gehen wasserräder, semafore, orchideen . . . narrenseile, ruft da irgendwo ein blumenverkäufer, narrenseile . . . ja, zum teufel, warum gerade narrenseile . . .
Aber schon kommt der tod, wie eine negerakrobatin, langsam, auf den zehen, durch die schmale, klare eleganz der herbstmonate im beginn . . .

Nachdem die golddrachen zahm geworden waren, malte man sie nur noch mit farbiger tusche oder blauem lack auf sommerliche vasen, kästchen, seidendraperien und papyrusrollen und es ging auch so.
Mit der zeit jedoch wurden die zeichnungen vereinfachter und mehr abstrakt, was bezeugt, daß dazumal mancher unter den chinesen es nicht für eine grosse kunst hielt, schulmeister zu werden.
Es war am anfange eines kleinen dezembers, und der klatschmohn hatte begonnen eine nebelferne melancholische fabel zu sein, als man im schneeverrieselten pinienwäldchen ausserhalb der residenz der ungehorsamen Feng-mi den schöngeschminkten kopf abschnitt.
An jenem morgen befahl der gottkaiser, seiner melonenbrühe salz statt etwas kandis beizumengen und er trug diesmal seiner gewohnheit zuwider sogar eine turteltaubenjagd an den phantastischen pantoffeln gestickt.
Dies alles wird natürlich weder bei jahrmärkten noch auf antiquierten misterienbühnen gezeigt. Und selbst die klassenzimmer der historie atmen eine frische frühlingsnahe zeitstimmung.
Die moral ist hier leicht zu entnehmen, wie etwa aus einem sehr deutlichen taschenkalender:
Schulen sind immer aus schilfrohr oder bambus grün zwischen dem gartenbeet der stadtviertel aufgepflanzt, und die lehrerinnen der kleinen mädchen haben jettschwarzes haar.

Dies ist eine geschichte, die ich im oktober geschrieben habe.
Er und sie beginnen mit einem spiel karten, aber mittendrin findet es sich, dass eine gewisse farbe irgendwie fehlt und man hört wieder auf, ohne zu wissen, wer von beiden eigentlich gewonnen hätte . . .
Aber das sind alles dummheiten: ausser ihm ist kein mensch im raum . . . .

Beim hl. Nepomuck, wir banden uns larven vor die augen, die hatten nasen, deren beträchtlichkeit alles bisher dagewesene übertrafe, rosenrot, sammet aussen, seide innen, schwartz beflort, goldbestickt, perlmutterbeknöpft, von kleinen, kunstreichen fackeln erleuchtet, kaiserlich, königlich, edel, gerecht, rätselhaft, zinnenbewehrt, elefantenbeinig, walbrüstig, bruchsicher, bombenzündrig, berg- & talverwurzelt, traumsicher, brandsicher, sokratisch, saltzbeständig, divanfärbig, schlüpfrig und besonders fest in jahreszeiten des gebens & nehmens . . Meine larve hatte die numero sieben, die des Rufus aber zweiundvierzigeinhalb, und wir traten in den wunderschönen, kühlen abend hinaus, die wachen des cannibalenbeghs präsentierten ihre mousqueten, ihre schwartze menschenfresserhaut gläntzte im mondlicht als speckschwartengeschmiertes stiefelettenleder und von der strasse, die sich vor uns auftat, kam ein klatschen und stampfen . . .

nächtigen
gehen
nagen
wachsen
wenden
horchen
steigen
schneiden

nächtigen

Die diebin ist von ihrer zimmerfrau verstossen worden. Die diebin muss bei den mülleimern übernachten. Es ist gut dass der mond kein polizist ist.
Der mond ist eher ein liebhaber der vom himmel springt um ihr einen strauss roter mohnrosen in den geöffneten schoss zu legen.
In die mülleimer wird allerhand absonderliches zeug geworfen: altes stanniol exilierte kartenkönige sonnenblumenkerne aus dem jahre siebenundzwanzig ein florentinerhut dreifach gefaltet oder eine rostige keksdose mit löchern.
Auch du hast deiner mutter geld aus dem täschchen genommen. Eine diebin träumt genau wie alle anderen menschen.
Wenn die nacht warm ist bleibt der mond vielleicht sogar eine stunde mehr.
Manchmal regnet es auch . . .

gehen

Die fischfrau wog einen lebenden aal in der hand ab, der aal in der nassen frauenhand dürstete, denn es war gegen mittag . . .
„Schade“, meinte ein jovialer sechziger, als einem apfelkarren der boden zerbrach, „schade, dass heute die schule noch nicht aus hat . . .“
Der nachtportier vom observatorium zielte mit seinem krückstock nach dem zenith, aber es fiel nur ein nackter junger vogel aus der dachrinne . . .
Aus der rocktasche eines spaziergängers drang ein etwas schwefliger qualm, denn seine streichhölzer hatten sich von selbst entzündet . . .
„Wenn es doch nur ein weilchen regnen möchte!“
Ich wünschte, der arme geschundene aal entschlüpfte dieser geulen frauenhand und fände seinen weg durch gosse urnd kanal, durch kanal und fluss, durch fluss und strom, durch strom und meer . . .

nagen

Der ehebrecher hält sich ständig im trüben brunnen seiner unerlebten liebschaften verborgen.
Jeden morgen wenn die stadt mit emaillierten eimern wasser schöpfen geht wünscht er dass die sonne vom himmel fallen möge und rodet einen wald von zahnstochern.
Seine frau windet zwischenlang den frühstückskaffee durch die frisch gelüftete wohnung und der bäckerbursche trägt seinen korb bis vor die wohnungstür.
Es gibt auch ehebrecher die stippen hörnchen in die morgenzeitung oder solche die der frommen überzeugung sind die uhr falsch gehen zu sehen.
Manche hausfrauen sind ein unbesätes brachland dem ein toller wind süsslichen mohnsamen an die hüften schleudert.
Hier sind sich freilich viele zum trug bewusst die katze im sack gekauft zu haben.
Es ist wie mit dem grossen rad käse im hintersten magazin des chefs.
Eine spitzmaus nagt und nagt aber sie tut es von innen heraus denn sie ist mit ihm eingegoren . . .

Enthüllungen

1.
Ein mumienpräparator hatte sein laboratorium im neunten stockwerk eines warenhauses eingerichtet, um ungestört arbeiten zu können. Der besonders günstige umstand, welchem er seine solitude zu verdanken hatte, war ein unerklärlicher defekt im stahlgeseile des fahrstuhls, der denselben immer wieder schon im achten stock zur umkehr zwang.

2.
Der exekutivbevollmächtigte eines suppenwürzekonzerns stand wegen in elf fällen nachgewiesener sittlichkeitsverbrechen vor den höllenrichtern. Die geheimgeführte verhandlung dauerte diesmal bis über mitternacht hinaus und kurz vor urteilsverkündung wurde noch ein agent provocateur in den zeugenkäfig gerufen, welcher auf befragung angab, bei lebzeiten geprüfter bademeister im krematorium Fuxenhütel gewesen zu sein.

3.
Das pagatmännchen hatte sich nach der schwängerung seiner rumelischen antipodin kurzerhand aus dem staub gemacht, um in einem leihhaus ein neues leben zu beginnen. Der alte wucherer, dem jenes etablisse-

ment gehörte, gewann den munteren husaren bald lieb, nannte ihn seinen eigenen sohn und setzte ihn als oberaufseher für musikalien, über zimbeln, spinette, hackbretter und pistolen von selbstmördern ein.

4.
Nachdem der handleser Runtelzirg von einem abendlich illuminierten strassenbahnzug zu tode gerädert worden war, bildete sich auf der ungewischten marmortheke seines stammcafés eine anzahl von klebrigen ringen, wie sie etwa gläser mit süsslichen schnäpsen hinterlassen. Das servierfräulein, welches mit dem handballen darüber hinweggewischt hatte, muss seither das bett hüten, da sich an ihrem unterarm, vom ellenbogen abwärts, ein übler petersiliengrüner aussatz entwickelt.

5.
Ein hauptmann der legion, welcher erst kürzlich aus der oase Tinggil Toulourth zurückkehrte, antwortete auf eine zeitungsannonce, die er einige stunden vor seinem ableben las. Es war ein eigentümlich kalter herbstnachmittag und in den glashäusern der morgue vertrocknete der sechzigjährige kampferbaum der concièrge. Die dame mit den roten wildlederhandschuhen und dem einzigen zyklopenauge musste daher vergeblich in der intimen rôtisserie warten. Sogar der dicke koch wusste ihr nur ein leises trauriges achselzucken zu entgegnen.

6.
Es ist jetzt genau sieben uhr und im nebenzimmer gibt ein giftmischer seinen kleinen töchtern eine vorstellung mit der laterna magica. Das weite mineralienkabinett besitzt einen feinklingelnden glaslüster und ist mit rotem plüsch gut abgedunkelt. Die grosse weisse hand des giftmischers schiebt die buntbemalten glasplättchen sorgsam hinter die optische linse. Eine bauernfrau erscheint an der wand, ein tisch mit geschlachteten gänsen, veilchenverkäuferinnen, die unter dem triumphbogen frieren, die sieben raben mit ihrem schwesterchen, das sich den zeigefinger abschneidet, ritter Blaubart, ein stück edamer käse, in den eine sehr dicke maus ein loch frisst, Schneeweisschen und Rosenrot und eine mit flittertand geschmückte schaubude, aus der du nicht mehr herauskommst . . .

7.
Ein diskretes tingeltangel hatte gestern abends an seinen schwarzen seidenrüschen feuer gefangen und war mit seinen cancantänzerinnen, kellnern und lebemännern knisternd zu asche verbrannt. Schon heute in den grauen morgenstunden konnte man die pfründner und armenhauspensionäre der stadt sehen, wie sie in dunklen scharen die brandstätte abpilgerten, um vielleicht einen geschmolzenen goldzahn, anhängsel, incombustible medaillons oder verräucherte gedenkmünzchen aus dem warmen russ zu fördern. Gegen mittag, kurz bevor jener grosse regen niederging, der alles zu schlamm wandelte, fand das kleine

Daniela Rustin X 1955

waisenmädchen mit dem matrosenanzug ein fleischfarbenes fossiliertes geranium, das aus dem gerösteten becken knochen von mlle. Marie-Ange zart hervorwelkte.

8.

Der grosse illusionist Noureddîn Archenzohr, dessen raimundinszenierung vergangenen sonntag an der komödie durchfiel, hat eine braut, die ihn mit mir betrügt. Wir sind nun beide in mein ärmliches gartenhaus gezogen und schlafen auf einer art umgeworfener hühnerleiter. Schon morgen oder übermorgen wird uns herr Archenzohr entdecken und in kleine spielhündchen verwandeln. Ich wünsche mir von ganzem herzen, wir überlebten diese bittere situation. Vor jedem schlafengehen reisst sich die gefährtin meiner dunklen passionen das haupt vom rumpf, legt es in ein zinnernes waschbecken und drückt mich an das haar ihrer lenden, das schwarz ist und ängstigend wie die fahne des Mahdi . . .

Von einem drachen
oder
Der sturz des Ikarus

„. . . . sans doute,
Monsieur le Dragon,
Nous admirons
Votre gestes tragiques“
. . . .

PERICLES DE LOUVAIN, ACTE 1

Einer hatte seine handschuhe bei dem fest, das gestern stattfand, vergessen und deshalb ging er kurz nach dem mittagessen zum schloss, um sie abzuholen, da er sich nicht gerne von ihnen trennen wollte. Aber als er durch den grossen park gekommen war und über die prächtigen steintreppen hinaufstieg, fand er türen und fenster weit offenstehen und er musste zu seinem erstaunen feststellen, dass das grosse herrenhaus des drachen verlassen und verwahrlost vor ihm lag, als sei es schon seit vielen jahren nicht mehr bewohnt . . .

„Heute mittag ist niemand mehr in diesen zimmern" — sagte er — „und ich finde hier die melancholie des tages nach einer versteigerung, aber gestern waren sie noch übervoll von fröhlichkeit und menschen . . ." — und er erinnerte sich, dass einer von den gästen gesagt hatte:

„Lasst uns doch die fenster öffnen, denn es ist erstikkend heiss hier. Man sollte in solchen nächten des sommers seine feste eigentlich in den gärten abhalten — ja, man sollte sie wirklich lieber in den gärten abhalten . . ."

Wenn der hausherr jedoch irgendwie in der nähe stand, sprachen sie allerdings leiser, aber eher aus angst vor dem drachen, welcher das fest veranstaltete, als aus rücksicht auf das zarte gemüt, welches dieser besass.

„Darf ich darum bitten, dass wir jetzt zusammen dem spiel meiner eigenen theatergruppe beiwohnen" —

sagte der drache — „es heisst der ‚Sturz des Ikarus' und ist von einem tragischen dichter, den ich persönlich ausserordentlich hochschätze!"

Es war um diese zeit schon sehr dunkel geworden, und der abend fiel durch die grossen, nun weitgeöffneten fenster des saales und der drache fuhr fort:

„Weil es schon sehr dunkel geworden ist und weil ich nur mehr die augen der anwesenden damen erkennen kann — ich wüsste natürlich nicht, was ich lieber erkennen würde — will ich meinen leuten sagen, dass sie die fackellichter hereinbringen sollen, um unsere heiterkeit noch durch den glanz des rötlichen zu erhöhen!"

Es waren nun die besten und schönsten der stadt zu gaste geladen worden und eine junge dame sprach aus der dämmerung einer nische:

„Wenn jetzt noch die brennenden fackeln hereinkommen, so werde ich mich sicherlich zu tode erhitzen!"

Und dabei seufzte sie . . .

Aber dann erschienen die leute des drachen mit den unruhigen lichtern in den händen, und alle gesichter in dem saal wurden überaus schön durch die abschatten des flackernden feuers, und der milde nachtwind drang aus den gärten und feldern ein und manchmal, in kurzen stössen, bauschte er sich maritim in den schweren seidenen vorhängen der balkone und flügelfenster . . .

Und der hofmeister trat unter gongschlägen auf. Er war prächtig wie ein mond, der einen stab trägt, und ihm folgten die schauspieler in sorgfältig abgetönten kostümen. Und der hofmeister des drachen trat noch einen schritt nach vorne und sprach:

Das ist der sturz des jungen
I k a r u s
oder
Das tragische spiel vom griechischen
Dädalus und seinem sohn.

Dädalus, ein Grieche (tusch)
Ikarus, sein sohn (tusch)
Die Sonne (ein accord auf dem cembalo)
Der Landmann,
Ein Schäfer,
Der Bootsmann,
Ein Mann im Turm,
samt einem chor der mädchen
und dem choros threnodes . . .

Seine worte zogen wie schöne gepflegte zierfische durch die gläserne begrenztheit eines aquariums ziehn, und die gäste blickten erwartend auf ihn und die schauspieler, die den hofmeister in einem halbrund umstanden.

Und nachdem auch die eingangsmusik geendet hatte, sprach der junge schöne Ikarus:

Bald kommt nun die sonne
Mit gold daher
Um den vater und mich
Zu verderben . . . . .

„Ich mag diese sonne auch nicht sehr" — sagte die junge dame aus der dämmerung einer nische . . . .

Aber der landmann, wenn er
Durch fliederfarbenes erdreich
Seine furchen zieht,
Braucht sie . . . . .

Durch die offenen fenster zog ganz leicht der duft nächtlicher pflanzen und der drache sah, durch den geschliffenen diamanten seines lorgnons, auf den Ikarus . . .

Und der matrose, um
Die dunkle ängstigung
Der überstirnten firmamente
Zu vergessen . . . .

Wie voll und weich seine stimme, zur zufriedenheit des drachen, bis in die letzten ausmasse des raumes klang . . . „Dieser Ikarus ist gewiss eine verkleidete frau!" sagte die junge dame aus der dämmerung.

Und Ikarus sprach weiter:

Wenn mit den angegilbten
Knochen einer flöte
Der schäfer seine herden
Um den weissdorn lockt . .

Dabei flackerten die fackellichter so stark und rot, dass sich die gäste untereinander verliebten, denn so schön waren ihre gesichter dadurch geworden, und sie dachten — „Ja, das drachentier versteht es wirklich, ein grosses haus zu halten . . ."

Und Ikarus:

Die sonn braucht auch der mann im turm
Wenn er zum dritten mal die nacht verwünscht
Weil sie zu fest ihm noch in seinen augen
klebt . . .
Und in die düsternis des morgens dann
Senkt er das lot, um ihre tiefe auszu-
messen . . . . . .

An dieser stelle des stückes erschien nun der sinnreiche alte Dädalus und dabei hielt er seine gemuschelte hand horchend an das ohr . . .

Doch in der dämmrung fernen höfen
Schrie lange schon der erste hahn . . .

Oh ihr lieben gäste des drachen! Oh ihr schönen gäste des drachen! Einer unter euch ist jetzt schon dazu bestimmt, in der verwirrung eines morgendlichen abschiednehmens seine handschuhe an irgendeiner passenden gelegenheit des salons zu vergessen.

Und das stück nahm seinen weitern verlauf und wickelte sich ab mit der folgerichtigkeit der tragödie, und es war eine unaufhörliche bewegung in durchwegs abgetönten kleidern . . . Als der junge Ikarus ertrunken war, und nachdem der trauerchor die schlussverse gesprochen hatte, liess der drache champagner servieren und andere erfrischungen. Und er benahm sich wie ein fürst. Und man ass und trank bis in den grauen morgen hinein . . . Oh ihr lieben gäste des drachen! Oh ihr schönen gäste des drachen! Bald werden die fackellichter im geschrei der amseln verlöschen, aber einer unter euch ist schon dazu bestimmt, seine handschuhe an irgendeiner passenden stelle zu vergessen; und wenn er kurz nach dem mittagessen kommt um sie, wird er zuerst nichtsahnend durch den garten gehn und dann über die weiten verfallenen treppen . . .

Wenn es dämmert

Um die morgenstunden ist immer strahlendes wetter und rotes weinlaub glänzt an den mauern und das ist das zeichen dass es gegen mittag regnen wird und abends kann man sich die strassen schon wieder halb trocken vorstellen aber einen nebel dazu der gar nicht wirklich sichtbar ist aber ein feiner nebel den du dir bloss zusammendenkst weil er als farbe zu deinem herzen und zu den handschuhen passt . . .
Der herbst ist ein grosser vorbeigeher und ein gemeinsamer bekannter der manchmal heiter aber manchmal mürrisch seinen guten tag wünscht. Sein hauptspass indessen besteht darin uns immer und immer wieder den winter vorzustellen und er sagt: macht es euch etwas aus wenn ich mir erlaube euch den winter vorzustellen? — und so macht er uns jedes jahr aufs neue mit dem winter bekannt und wir freuen uns jedesmal wieder ihn kennenzulernen und dabei tut er als ob es das erste zusammentreffen wäre . . .
Und es fängt oft damit an dass der wind im kamin ganz abscheulich heult als könnte er nimmer heraus und wenn man die mäntel der kleiderablage zu stark streift fallen sie mit nassen bewegungen auf die dielen herunter und alle die hinaus müssen ins freie legen warme unterwäsche an und hüsteln vor den haustoren . . .
Einer der sehr krank ist liegt auf seinem zimmer und er hört das lied der gartenschere durchs fenster aber

er kann nichts sehen von alledem und die gartenschere zirpt ganz leise durch die fensterscheiben . . .
Und er denkt an einen tag im sommer der nun verwelkt ist wie eine blume und der wind hatte damals geweht dass sich die mädchen an den strassenecken dagegenstemmen mussten sonst hätte er sie fortgeblasen und dann wurde es wieder recht heiss und manchmal regnete es . . . Dann stösst er den tee um und legt sein journal fort und denkt an den schneider in der ersten etage und an seine schwarzen modellierpuppen und an frauen die er gekannt hatte ehe sie alt wurden und dass sie eben so schöne formen hatten wie die puppen und in die hatte sich der schneider verliebt . . .
(Wenn der regen aus den grauen nachmittagen kommt flüchtet sich ein rotkehlchenpaar in das fenster der krankenstube und in der bitteren luft der gartensträucher werden die blätter um einige nuancen matter und fauler und fallen langsam in die offene erde . . .)

Hinter dem stadtteil in dem ich jetzt wohne ist ein grosser wald und meine fenster sehen ihn nicht da sie der anderen seite zugewendet sind und ich bin froh darüber wenn es dämmert im herbst.
(. . . und das kleine mädchen kommt immer mehr von seinem weg ab und die blumen die es findet werden eine um die andre schöner und es macht einen grossen buschen daraus . . .)
Im herbst wenn es dämmert kommt ein grosses dunkles tier in meinen vorgarten und das frisst die fein-

Maria Luise Williams 1955

sten astern und die roten dahlien ab und ich finde keinen den ich ihm vorhalten könnte und die holztreppen werden so glatt dass ich fürchten muss auszugleiten beim hinuntersteigen . . . Dann zwitschern die vögel sehr laut dazwischen dass ich glauben möchte mein gehör sei doppelt so gut als vorhin.

Im herbst wenn es dämmert sind auch die tapeten lebendig und man sieht nicht die bilder hängen aber man sieht die lebendigkeiten der tapeten. Manchmal kreischt die strassenbahn wenn sie ihre schleife macht und ich denke: jetzt könntest du mitfahren wenn du schnell bist und drehe das licht an.

In meinem stadtteil — ach wie klein er doch ist — merkt man bevor die dämmerung fällt dass er nur aus dem inneren einer glaskugel besteht voll leichtem feinen rauch und lauter winzige lichter flimmern darin und die dahlien aus den gärten (aber stärker und dunkler) und alles ausserhalb ist etwas das man nur vorher geglaubt hat . . .

Als ich ein kleiner junge war zog ich mir vor dem einschlafen das federbett über den kopf und stellte mir vor im bauch eines segelschiffs zu sein mit klabautermännern und lampionen und es fährt nur so dahin nur so dahin . . .

(Die kandelaber an den strassenecken sind voll elektrischem licht aber sie sehn wie gaslaternen aus und die abgefallenen blätter rutschen um sie herum und machen ein geräusch und die fussgänger kommen aus den bäumen und tragen aktentaschen vorbei und rascheln absichtlich mit den füssen im dürren laub . . .)

Hinter dem stadtteil in dem ich jetzt wohne ist ein wald und der ist so tief dass er überhaupt nicht mehr aufhört . . .
Es ist nun herbst so wie alle jahre herbst ist und als es noch sommer war ging ich ein kleines stück in diesen tiefen wald und da war auf einmal ein sehr altes und halbverfallenes ringelspiel mit pferdchen denen der bunte lack absprang aber es waren keine kinder da um darauf zu fahren und ich sah nur einen einzigen mann im halbdunkel stehn und der war noch jung und fein und schwindsüchtig wie ein jude aus blassem elfenbein . . . Das war alles sehr schön und traurig und ein fehlerhaftes orchestrion zirpte und dazwischen fiel die sonne spiegelnd und zerbrochen wie in einen fauligen teich.
Aber der herbst ist ein anderer. Er fängt zuerst in dir selbst an und dann geht er über die bäume her und leckt den boden gelb und ich bin sicher dass er die grossen hölzernen flügeltüren des karussells schon geschlossen hat.
In dem stadtteil wo ich jetzt wohne ist die strassenbahn zu ende und die zieht eine schöne schleife und in dieser ist ein kleiner park mit allerhand sträuchern und bäumen. Gleich darauf kommt ein friedhof voller astern und blutbuchen aber der ist gar nicht verwildert sondern richtig gepflegt und betreut wie es sich gehört (ein tor mit eisernen stäben dem es nichts ausmacht wenn der wind daran arbeitet und braust . . .)
Der mann in dem kleinen weissen häuschen davor hat mittag gegessen und wickelt seine finger in die fettige zeitung von gestern.

Die abende im winter

Die abende im winter sind mit schweigen angefüllt und kleinen tortenstücken und likörwein und schlafengehen und dem gefühl dass noch jemand anderer kommen sollte aber der kommt niemals und man erfindet sich möglichkeiten wer es gewesen sein könnte und dass er blumen zur erstarrung hätte bringen können oder die violetten augen einer hellblonden frau . . .

Und durch die grossen flügelfenster die nach dem garten hinausgehen hört sich der winter wie ein sprödes instrument an und man sagt sich: das wird jetzt neu gestimmt . . .
Und es ist ein kalter tag für uns beide und die worte werden vermieden als trügen sie bazillen des unmuts in sich und wir kommen aus dem theater und draussen umfängt uns die frische des aufgeblühten schnees und rötet dir die wangen und viele menschen waten umher und ein weisser bus. Aber die autobusse im januar sind nicht dieselben vom oktober nur die passanten sind ehrlich wie immer und neujahrsfreudiger als sonst und reihen elektrischer kandelaber leiten uns sicher über die brücken und an eisernen torgittern sind die verlorenen handschuhe aufgestülpt und wenn man in die äusseren stadtviertel kommt wird es ein wenig dunkel aber der schnee härter und der knirscht in die klare frostige luft. Aber die autobusse sind nicht die gleichen wie im oktober und sie tragen schneeketten um ihre räder damit sie nicht ausgleiten können auf dem vereisten asfalt und das gäbe ein

fürchterliches unglück sage ich mir und zerbrochenes glas von den scheiben der glänzenden auslagenfenster und da hinein wäre der autobus abgerutscht und das schwarze signal der ambulanz wirkt an solchen tagen wie ein verwundeter rabe oder wenn es vielleicht gar ein blumenladen gewesen wäre mit kränzen und brautbuketts . . .
und ich sage: lauf schnell in den bus — und im innern ist es verlockend warm und keiner will mehr aussteigen und wir lösen die billetts aus gelbem papier und vor dem theater ist eine haltestelle und die übernächste beim bahnhof aber am park fährt er sehr langsam vorüber und biegt zwischen häusern ab in die ich in meinem leben nie hineingekommen bin und eine milchscheibe sagt: *Der autobus hält an* . . . und der schaffner sagt: wir haben heute einen irrtum gemacht und sind in eine verkehrte strasse abgebogen und alles muss hinaussteigen in die kalte strasse und es gibt viele cafés rundherum und kahlgefrorene bäume wachsen aus den gehsteigrändern und die leute rufen: so etwas durfte doch nicht geschehen . . . und: wie kommen *wir* dazu . . .
Und wir müssen über die eisenbahnbrücke nach hause gehn und dabei vermeiden wir es unnütze worte zu reden und unter uns werden die züge verschoben auf andere geleise und aus einer entfernung bewegen sich rote semafore und wir schütteln an den kleidern und frieren in den leichten schuhen . . .
Und zu hause können wir den mond auch nimmer sehen doch es ist nicht mehr kalt und ich schreibe einen brief über den mond und bin inmitten von

Daniela Rustin 1955

mineralien und blattpflanzen und du bist irgendwie dabei um passende bemerkungen zu machen und hin und wieder läutet meine maschine aber ich spreche kein wort zwischen allem und ich fürchte es könnte eines darunter sein mit dem bazillus . . .
Und ich schreibe: orchideen gehören um diese zeit unter glas und von wärme umgeben denn sie sind schöne und unsichere gewächse und man nimmt ein tiefes gefäss in dem man wasser bis zum dampfen erhitzt und leitet den dampf in metallenen röhren ab und von dort zieht er hoch bis in das glashaus und legt sich feucht und schwer um die nervösen blätter und kelche der pflanzen . . .
Und dann wird der tee zugerichtet jedoch nur als dunkle dicke brühe und erst später wenn er gezogen hat giesst du das heisse wasser darüber und ich schreibe dem mond meine parabeln und du unterbrichst die stille mit passenden bemerkungen und wir setzen unsere namen unter abend und tee und schlafengehen . . . .

Überall wo Hamlet hinkam

Es ist wahr, dass der tod die liebe konserviert, aber er nimmt das herz aus dem leib und legt es in den schnee wie einen geschlagenen fisch und es wurde gesagt, dass dies wiederkehrt von jahr zu jahr und der schmerz bleibt derselbe und wird nicht blass vom vorbeigehn vieler zeit, denn die herzen sind immer die gleichen roten aus fleisch und auch dein eigenes musst du einmal dazulegen . . .

(post mortem Opheliae)

Überall wo Hamlet hinkam fand er eine aster und die ist ganz gewöhnlich grün solange es den hohen stiel entlanggeht doch die schönen spitzen blätter ihrer blüte sind weiss wie die gepflegten krankenzimmer aus denen er eben gekommen ist und er erinnert sich an gärten die er in Italien gesehen hat aber die waren durchaus anders und er stellt vergleiche die jedoch zu keinem ausweg führen und er gibt seinen freunden mit einer leisen gequältheit zu verstehn dass nur einige stunden des alleinseins in dieser situation helfen mögen und er nimmt abschied von ihnen und geht langsam davon in den unbekannten park und berührt die bäume vor ihm leicht mit den handschuhen und die landschaft tut sich tröstlich auf und so verwächst er zusehends mit dieser helldämmrigen laubkulisse und Horazio der ihm eine weile nachblickt verliert ihn bald aus den augen . . .
(Siehe: an allen stellen des erdbodens die mit dem wasser in berührung kamen wachsen blumen hervor und neue erde fällt durch ein wunder vom himmel und füllt indes die spur auf wo der schreckliche fuss hintrat und zu beiden seiten des frühjahrs spriessen zwei bäume auf und die darfst du betrachten ohne furcht . . .)
Dann beginnt die nacht während man die lampen anzündet und die telefongespräche werden häufiger und sie laufen unsichtbar hin und her und quer von einem ende der stadt bis zum anderen und man verlässt die gärten mit stühlen an jeder hand und die mädchen spielen verwirrt ich habe gar nichts mehr zum tragen und in anderen häusern wieder tauscht

man ungesagte küsse und weingläser und worte die man später lieber vergessen möchte aber das alles bleibt im grunde genommen doch gleich denn man bereut die getanen dinge ebensogut wie die ungetanen und was auch sollte gemacht werden an einem abend in diesen ersten tagen des frühlings obgleich der und der mit seinen händen den herbst einer eigenen traurigkeit durchteilt und nichts findet als die furchtbare weisse aster aber der herbst ist eine krisis zu neuem beginnen hin und ihr dürft gewiss alle noch hoffen . . .
(*Ich will euch alle trösten* spricht Hamlet bei dem bankett das ihm der onkel zu ehren gibt und die freunde sehen ihn an denn sie lieben den klang seiner stimme und die wahl seiner worte und wie er sie setzt und er fährt fort: *ich* will euch trost sagen aber nicht deshalb weil ich ein mitleid hätte und ich habe nie ein solches gehabt: jedoch drängt es mich dass ich solches zu euch rede denn die dinge und gegebenheiten die uns diesen augenblick umstellt haben gleichen einer eingetroffenen profezeiung und vor allem ist es die konstellation der lichter in diesem saal denn was sonst wohl sollte mich dazu treiben oder glaubt ihr wirklich dass einer der es gerecht meint mit sich selbst behaupten wollte ein tiefer innerer zwang bestimme ihn dazu und nicht wie es wahr ist: ein einwirken der äusseren umstände auf seine eitelkeit . . ?
Oder: denkt ihr dass alle unsere aussagen oder handlungen von wichtigkeit einer offensichtlichen moral entspringen . .? *Ich* bin genug ohne falsch euch zu gestehn dass gerade *die* gesten welche ich am meisten

an mir liebe diejenigen sind die jeder moralischen grundlage entbehren . . . . .)

Als Hamlet die ebenen serpentinen des parks langging kam er an den teichen der oktoberhusaren vorbei und in den betonierten becken hatte sich das wasser wieder frisch angesammelt und war schon recht tief und es roch nach neuem grün und dahinein warf er mit kleinen steinchen und horchte dem geräusch des aufschlagens am ruhigen wasserspiegel und die chloroformweissen astern um ihn waren wie eine gläserne kleidung und sie nickten in dem leisen wind der ab und zu aufkommt und an der andren seite des teichs standen bänke aber die blieben leer bis in die spätere dunkelheit hinein . . . .

Schön traurig ist der tag

Schön traurig ist der tag des gehens durch die mir einsam gewordene stadt und aus ihren träumen gurrt die turteltaube der müssigkeit hervor und der frühling um mich taucht in einer schillernden essenz von gold und spiegelscheiben auf und ab und so kommen und gehen alle frühlinge der welt dass wir sie fast vergessen; aber tauchen wieder auf im *doch* erwarteten augenblick und wieder und wieder benehmen sie sich so recht wie die vierzig räuber in einer bergsesamszene; aber mit jedem frühling mehr wird eine gewissheit stärker und es ist die gewissheit dass wir uns einem fremden planeten nähern; und sie ist klar wie der frische regen am versteinerten efeu unserer tage und voll vom schmerzlichen vorgefühl einer erwartung; und wie ein seltener gast der nun doch gekommen ist wird uns der gedanke an das erwachen

. . . . . .

Meine traurigkeit und die kann mir kein teufel nehmen; und auch nicht der blumenverkäufer der immer irgendwo aus einer dämmerung herauskommt frühmorgens und mittags und abends und aus seinen unzähligen körben blüht die grammatik der rosen hervor und engel schweben vorüber auf wolken von feinem tabacco d'Harar und ich trage meinen feierlichen schwarzen hut zwischen den fingern und feierlich fällt die sonne aus allen himmelsrichtungen und aus allen zeiten des tags durch die frisch angelaubten und grünspielenden äste der platanen und ihr licht

Daniela Rustin 1955

zerstäubt sich in millionen stäubchen auf die — für seraphim und dämone — gehälftete figur meiner trauer . . . .

Königlich bin ich zwar noch doch ein torso schon; und von grünen narzissen umwuchert; und geht nicht hinweg von mir die hilflosigkeit der rauschenden ereignisse die ankam aus der offenen nacht geworfen; wie ein junges tier das noch nicht stehen kann auf seinen beinen . . . .

O *Holofernes, Holofernes!* unsterblich ist die bitternis deines abgeschnittenen gesichts und aufzeichnungswürdig wegen ihrer unbestechlichen wahrheit; denn wie ein märz nach der länge des winterschlafs bist du gekommen mit seinem namen über die saaten dieses Judaea und du blühst hoch an den mauern der umzingelten städte wie der rollende ausläufer eines nicht fernen erdbebens oder wie die furcht wenn die jähe schlucht sich auftut vor dem erstarrenden wanderer des gebirgs . . . . .
Alles was schien in ermattung zu liegen zwischen morgen und abend hast du erweckt mit dem schlag auf der trommel deines mittags; aber dann beschworst du die schlange und die kam und stach . . .
. . . . .
O Holofernes, Holofernes! unsterblich bleibt die trauer deines abgeschnittenen gesichts denn deine anmut war zu gross vor den frauen und mädchen und zu edel deine hand da sie auftat dein zelt für den wein und das unkraut und die mutige übertretung der menschlichen vernunft; allein dafür erwar-

tet dich an jeglichem ende deiner wege die pracht der rose die ein sturm dorthin gepflanzt hat!

Der blumenverkäufer ist der seltsamste unter den passanten und er ruft in einem fort und es ist als könnte er damit seine verlorene seele retten und er ruft und schreit rosen rosen rosen rosen gras levkojen orchideen seile blätter semafore blätter blätter gras . . . .

Und es gibt nichts das er rufen würde und von dem man sagte: das kann doch niemals wachsen in einem menschlichen garten und ist keine blume; aber die semafore gehen hoch auf den bahnhöfen ganz von selbst und das heisst adieu und ein schwarm von taschentüchern und hüten geht hoch mit ihnen und die fliegen weit weg über die stadt und bis hinaus über das land wo die ersten bäche zu rieseln beginnen und dann werden die eisernen schranken heruntergelassen und wir müssen dableiben . . . .

Schön traurig ist das hinausgehen aus den bahnhöfen des abschieds und das nimmt uns kein teufel und kein engel und kein blumenverkäufer; und unser gesicht bleibt abgeschnitten für immer.

Das haus in der Zubiaurrestrasse

Ein haus aus elefantenhaut mit türklinken aus stosszahn. Ein haus, das der wind nicht umwerfen kann. Es braucht keinen verputz . . .
Die fenster werden mit der machete ausgehauen, die türen mit der winchesterbüchse geschossen. Man muss nach der gleichenfeier schon einen polizeikordon darum postieren. Die menge der neugierigen würde unser haus eindrücken, als sei es aus bilderbogenpapier. Sobald sich der erste sturm gelegt hat, dürfen wir die polizisten wieder abziehen. Die neugierde hat sich gelegt. Sie ist verebbt, ach verebbt . . .
Wir werden eine nacht der ruhe in unserem elefantenhaus verbringen können. Es ist dunkel. Die lichter von Hendaye — ein streifen Atlantik ist dazwischen gelegt — sind spärlicher geworden. Der regen fällt in den mai. Kein stern, kein mond, kein herzschlag zuviel . . .
Die schönste ruine der Zubiaurre fault unter dem monogramm des regens. Fault unter den regentropfen. Die statuen sind schwarz. Aus der küche, aus dem herrenzimmer, aus der bibliothek, aus der zerbrochenen veranda schlingt sich die vegetation der neuen bäume und frisst mit ihrem grün das letzte violett der tapeten . . .
Irún ist eingenäht in den regen.
Irún ist im regen, aber im dach unseres elefanten sitzt ein vogel. Er ist grün wie die vegetation der

neuen bäume. Die neuen bäume auf dem grab einer tapferen tat. Ein grab, ein grubenbaum zu Irún, ein grüner grubenbaum in den minen . . . Im dach unseres elefanten sitzt ein vogel. Es ist der vogel aus der ruine, der ruinenvogel. Wer den ruinenvogel im dach seines hauses erblickt, sei gewarnt! Der grüne ruinenvogel im dach! Ein ruf wie feuer, wie bandit, wie sturm in sicht! Ein ruf wie höchste seenot, wie blaue windstärke, wie Berenike ertrinkt oder der hund ist los!

Manche, die zu schwach sind, den ruinenvogel zu registrieren, werden eines morgens mit geschlitzten augenlidern und mit messern in den achselhöhlen erwachen . . .

Noch haben wir ein haus. Ein haus ist ein haus. Es ist gut, ein haus zu haben. Es ist gut . . . Aber wir haben sogar ein haus, das wir mit eigenen händen aus elefantenhaut erbauten, ein haus, in das wir genügend grosse fenster schnitten, um in die stille Zubiaurre blicken zu können, ein haus wie eine tapfere tat und aus elefantenhaut, so stark und scheinbar undurchdringlich, dass wir den eingang mit schüssen aus einer winchesterbüchse erzwingen mussten. Wir haben unser haus auf abenteuerliche weise erbaut. Ja, unser bauen war eher ein erobern als ein bauen. Wir haben es mit mühe geschafft und können die heutige nacht mit zufriedenen augen verbringen . . .

Aber schon sitzt im dach unseres elefanten der grüne vogel von gegenüber. Er hat sich eingenistet von gegenüber. In den dachsparren bereitet sich eine

küche vor, eine zerbrochene veranda, ein herrenzimmer mit toten, eine leere, brandige bibliothek, ein ungeheures, wasserverquollenes buch mit den geplatzten versen einer füsilierten generation, aus denen die bäume der verwesung wuchern.
Der regen fällt in den mai. Kein stern, kein mond, kein herzschlag zuviel . . .

Nachwort

Wer Ohren hat für die in Syntax gekleidete *pose in ihrer edelsten form,* wird zu diesem Buch weder eine Gebrauchsanweisung noch einen Schlüssel brauchen und wird auch nicht nach einer Zuwaage oder nach handkolorierten Initialen verlangen. Er wird diese kurzen Prosatexte als frühe *poetische acte* begreifen, die eine *vermittlung durch sprache und schrift* noch nicht *abgelehnt* haben[1]. Ihm genügt die Information, daß hier die früheste Prosa von H. C. Artmann gesammelt ist (so vollständig wie nur möglich); sie ist in den Jahren 1949—1953 entstanden. Damit ist die letzte größere Lücke geschlossen, die nach dem endlichen Erscheinen der gesammelten Gedichte und Stücke im vorigen Jahr noch verblieben war; die Prosa hat ohnehin mehr Glück gehabt bei den Verlagen und ist, wenn auch in manchen Fällen mit Verspätung, nach und nach in Buchform erschienen.

Um Artmann richtig zu lesen, muß man ihn kennen. Das ist paradox, weil jeder, auch die wachsende Zahl der Artmannkenner, die steigende Zahl der *Happy few,* einmal angefangen hat. Freilich hilft weder die Kenntnis des Werkes noch die der Person (welche, als Oeuvre betrachtet, jenes an Quantität, Inkonsequenz und Vielfalt noch weit übertrifft) zu einem adäquaten Verständnis der einzelnen Phasen und Texte; das beweisen die zahlreichen Mißverständnisse, Fehlinterpretationen und Einschränkungen auf das Schema „Mundartdichter", „villonesker Vagant", „skurriler Poet", „vampyrischer Altgraf", die mangelnde Information, einseitige Kenntnisnahme, oberflächliche Bequemlichkeit und grundsätzliche Uneinsichtigkeit verraten.

Zur Genugtuung jener irregeleiteten Leser von Sekundärliteratur (der Herausgeber fühlt sich ihnen durch dieses absurde Laster verbunden), zur weiteren Unterrichtung der Artmannophilen und zur elementaren Anleitung von

gutwilligen Anfängern, die mehr über Artmann erfahren möchten, sind die folgenden Bemerkungen gedacht. Denn wenn die Texte gut und gewichtig genug sind, um ihrer nicht zu bedürfen, sind sie doch alt genug, daß ihnen gewisse wissenschaftliche Zutaten zustehen sollten; allerdings ist ihr Autor lebendig genug, daß diese nicht zu kathedermäßig ausfallen dürfen.
Vorbilder und Anreger, wie sie die Literaturwissenschaft gerne aufsucht, spielen in Artmanns Prosa einerseits eine nicht außer acht zu lassende Rolle — gerade seine Prosa geht, viel stärker als seine Lyrik z. B., auf literarische Impulse zurück —, anderseits wird mit solchen Zurückführungen wenig erklärt. Die Form der kurzen Prosa in der österreichischen Literatur nach 45 würde eine eigene Untersuchung verdienen; darüber hinaus freilich sind die Artmannschen Beispiele in einem weiteren Zusammenhang zu betrachten[2].

Sieht man von den ersten Gedichten ab, so setzt Artmanns eigentliche Produktion kurz vor den ersten Publikationen ein; wir haben keine Auskünfte darüber, was er außer den in lwb veröffentlichten Gedichten vor 1949 geschrieben hat, jedoch besitzen wir einen Beleg für seine Arbeiten zu Beginn dieser Periode, ein Werkverzeichnis von seiner Hand, ab 1 numeriert — frühere Arbeiten sind also von ihm nicht berücksichtigt worden. Diese Liste, die wir im folgenden wiedergeben, ist die Grundlage für die Reihung der Texte in diesem Band; darüber hinaus gibt sie Auskunft über — bis auf weiteres oder für immer — verschollene Titel. Auf sie wird auch einmal eine historisch-kritische Ausgabe zurückgreifen können.
Es handelt sich um drei einseitig mit der Maschine beschriebene Blätter[3] mit Nummern und Titeln; rechts am Rand und von da aus zur Mitte hat Artmann Publikationen, Lesungen und Rundfunksendungen notiert[4]. Diese und weitere Hinweise sind in der Folge in Klammern hinter den Titeln wiedergegeben (kursiv, soweit von Artmanns eigener Hand auf der Liste enthalten). Bemerkungen des Herausgebers, Hinweise auf Parallelen usw. sind in den Anmerkungen enthalten. Der Kürze und Übersichtlichkeit wegen werden Sigel verwendet[5]. Vorausgesetzt, daß diese Liste eine einigermaßen chronologische Folge einhält, wofür die Indizien sprechen, läßt sich aus den diversen Daten bestimmen, zu welchem Zeitpunkt bestimmte Texte bereits vorhanden gewesen sein müssen; mit geringerer Sicherheit, nach welchem Datum sie entstanden sein mögen. Aus diesen Anhaltspunkten möglichst genau die Entstehungszeit jedes einzelnen Textes herauszufinden, soll dem Spürsinn kommender Literaturdetektive vorbehalten bleiben.

Blatt 1[6]:

1. *st. christophorus (R 50,* v*)*
2. *die sonne ist die schwelgende herzogin* (v)
3. *ich könnte viele bäume malen (NW jan. 50, R 50,* FS 44, lwb 31)
4. *du grüner schlangenstab* (FS 51, lwb 43)
5. *mein herz (NW feb. 50,* LuK 38, weder in FS noch in lwb)
6. *das ferne hifthorn zerbricht* (v)
7. *hier ist noch der uralte duft* (v)
8. *ich griff mit spitzen blättern (NW april 51,* lwb 42)
9. *die see sieht (NW april 51,* FS 48, lwb 40)
10. *ein ferner horizont (R 48, NW juni 50, Mö 51,* WidZ 2/64, lwb 36)[7]
11. *aus fernen wäldern verrinnt (Ka, NW sept. 50,* FS 46, lwb 38)[8]
12. *personaggio vom mädchen am gehsteig (NW april 50, R 50,* FS 54, E 19)[9]
13. *personaggi vom janitscharenmädchen* (u)[10]
14. *das im walde verlorene totem* (u)[11]
15. *personaggi von delphinen (R 50, Ke, R 51,* FS 49, lwb 44)[12]
16. *madeleine* (u)[13]
17. *vorsommerliches rondo (NW april 50,* FS 45, lwb 32)
18. *rosa mystica (NW april 50,* lwb 33)
19. *fantasmagorische greguerías (Nr 1 zitiert AOk NW mai 50, H. F. juni 50, HCA nov. 50, Welt am Montag 22. I. 51,* MN 22. 3. 52 — u)[14]
20. *über das hokku (NW april 50)*
21. *kurze zeilen im juni (Mö 50, NW juni 51,* lwb 37)
22. *greguerías* (v)[15]
23. *laubhüttenpersonaggio* (v)
24. *von winzern (R 50, NW sept. 50, ES,* FS 47, lwb 39)
25. *glasball* (v)

26. *hahnenfuss* (v)
27. *märchen vom prinzen* (u)[16]
28. *nacht (EV, U,* wohl identisch mit abend, NW juni 51, lwb 34)
29. *fantasmagorische greguerías einer hexe gewidmet* (u)[17]
30. *rincón de los conspiradores* (MN 29. 3. 52, FS 41)[18]
31. *jene sängerin* (v)
32. *von einem fernrohr (EV, U,* MN 15. 12. 51, E 19)[19]

Blatt 2[20]:

33. *antikische szene* (v)
34. *von einem seeigel* (v)
35. *von einem schädlichen nager* (u)[21]
36. *segunda vista* (v)
37. *interior (Ke, NW feb. 51, M 51,* lwb 35)
38. *spätsommer (R 50 —* v*)*
39. *landschaft I. bis V. (NW zens. märz 51 1. 3. 5. — v)*
40. *nächtigen (Ke, EV, NW zens. 3. 51, pub II 51,* FS 56)[22]
41. *gehen (Ke, EV, NW zens. III. 51, pub II 51,* FS 56)
42. *nagen* (s. o.)
43. *accident (pub. II 51,* FS 60)[23]
44. *selbstportrait (EV, ES —* u*)*
45. *wirkliche szene* (u)[24]
46. *zwischendurch* (v)
47. *wachsen (NW zens. märz 51 —* v*)*
48. *wenden (EV —* v*)*
49. *horchen* (v)
50. *die kufen mustern* (v)
51. *in jenen zimmern (EV, Mö 51 —*v*)*
52. *steigen* (v)
53. *schneiden* (v)
54. *entremes (Ke, Mö 51, pub sept. 51,* A 11/1960, FS 54)

55. *möchte* (v)
56. *und noch einmal über den „Surrealismus" (NW nov. 50)*[25]
57. *slow* (v)
58. *California, here I come* (v)
59. *everyman's wake* (v)
60. *in schmutzigweiss* (v)
61. *randbemerkungen in den galahut des letzten stammtischzaren gestochen* (v)
62. *amargura* (u)[26]
63. *blätterchen vom subtilen theaterbaum selim eichelsieb*[27]
64. *de lo sangriente (español)*[28]
65. *enthüllungen I.*
66. „ *II. (U 6. + 8.,* E 14*)*[29]
67. gestrichen
68. *nekrolog auf einen gealterten tänzer* (v)[30]

Blatt 3[31]:
Gedichte und Prosa nach dem achtzehnten März 1951
75. *Crepusculo (Mö 51 —* v*)*
76. *Porta lucchese* (v)[32]
77. *Befa (Mö 51 —* v*)*
78. *Edera* (v)
79. *Call him a-down-a* (v)
80. *Schlimme Zweiheit* (v)
81. *Tortillas y lunes (pub sept. 51,* A 11, FS 59)
82. *Piazza d'Azeglio* (v)
83. *Henri, mon frère* (v)
84. *Escándalo* (v)
85. *Conga triste (pub sept. 51,* A 11, nicht in FS)[33]
86. *Conga* (gestrichen: *azul*) *morada* (v)

Die Gruppierung der Texte wurde nach folgenden Gesichtspunkten vorgenommen: obwohl chronologisch gesehen die *Personaggi*[34] zuerst einsetzen, wurden die *Greguerías* an den Anfang gestellt, da sie, ihrem Wesen nach Metaphern, und infolge der festgelegten Brechung der Zeilen, am ehesten der Lyrik zugeschlagen werden könnten (hierher gehört auch der fehlende Text 22). Bei den *Personaggi* wurde auf die Zeilenbrechungen, wie sie die Erstdrucke bieten, verzichtet, da sie, trotz Sprunghaftigkeit, lyrischer Stimmung und anderen Merkmalen, die sie mit lyrischen Texten gemeinsam haben, der geringeren Spannung des sprachlichen Ablaufs wegen eindeutig zur Prosa gezählt werden müssen (es fehlt Nr. 23 der Liste).
Die übrige Kurzprosa wurde unter dem Sammeltitel *Fantasmagorien* zusammengefaßt; für eine Reihe von Einzelstücken ist die Verwendung dieser Bezeichnung durch Artmann verbürgt. Ausgesondert wurden die Texte mit infinitivischen Titeln (außer 40—42 würden noch 47 bis 49, 52 und 53 hieher gehören). Von den anderen fehlenden Titeln wären den *Fantasmagorien* zuzuordnen: 31, 33, 34, 36, 46, 68, 80, 84, 86 (diese Zuordnung ergibt sich zwingend aus den Titeln, verglichen mit jenen der erhaltenen Texte), vermutlich auch 55 und 57—61. Der Lyrik würde ich, zufolge der Ähnlichkeit mit Erhaltenem, folgende Titel zurechnen: 2, 6, 7, 50, 51; laut Artmann handelte es sich bei 77 gleichfalls um ein Gedicht, also wohl auch bei 78; schließlich wird man, gestützt auf 76, auch bei 82 ein Gedicht vermuten. Bei den übrigen bisher nicht wiedergefundenen Texten (1, 25, 26, 38, 39, 63, 79, 83) läßt sich diese Frage nicht entscheiden; 63 könnte auch ein szenischer Text, vielleicht eine Vorstufe zu den *verbaristischen szenen* gewesen sein.
In diesen Band wurden weiters drei kurze Texte mit aufgenommen, die auf dieser Liste nicht verzeichnet sind:

Nachdem die golddrachen (NW feb. 51, FS 58, lwb 41)[35]
Dies ist eine geschichte (pub dez. 51, FS 62)[36] und
Beim hl. Nepomuck[37].
Diese drei Texte wurden unter die *Fantasmagorien* aufgenommen; herausgelöst wurde hingegen der Zyklus *Enthüllungen . . .*; er leitet über zu den etwas umfangreicheren Prosatexten der folgenden Zeit. Diese sind ebenfalls chronologisch geordnet, teils mit Hilfe der vorhandenen Datierungen, teils nach Analogieschlüssen von der Jahreszeit des Textes auf jene seiner Entstehung (da sich bei den datierten Stücken eine derartige Übereinstimmung gezeigt hat).
Von einem drachen (pub . . . ., E 14)[38]
Wenn es dämmert (Die Kultur. Eine unabhängige Zeitung mit internationalen Beiträgen. Ausgabe für Österreich. Stuttgart, 25. März 1953)[39]
Die abende im winter (Stimmen der Gegenwart, 1954, Neue Zeit, Graz, 1. April 1956, auf der „seite junger autoren / stimmen der gegenwart")[40]
Überall wo Hamlet hinkam (NW IX/110, FS 42)[41]
Schön traurig ist der tag (u)[42]
Das haus in der Zubiaurrestrasse (NW jan./feb. 57)[43]
Wie man sieht, sammelt dieser Band neben erstmals publizierten Texten eine Reihe weiterer, die vor über fünfzehn Jahren erschienen sind und seither nie nachgedruckt wurden, daneben einige, die in den letzten Jahren mehrfach wiederentdeckt worden sind, doch durchwegs in Zeitschriften oder Sammlungen mit begrenzter Verbreitung — die Artmann-Kenner und -Sammler, denen sie schon bekannt gewesen sein sollten, mögen Verständnis haben dafür, daß auf ihre Wiederaufnahme aus Gründen der Vollständigkeit keineswegs verzichtet werden konnte. Verzichtet wurde hingegen darauf, obwohl dies zur vollständigen Dokumentation von Artmanns Prosa zwischen 1949 und

1953 wünschenswert wäre, auf die Aufnahme von drei Texten, die im Band *Von denen Husaren* enthalten waren; die Literaturwissenschaft wird sie jedoch in diesem Rahmen zu berücksichtigen haben.
Es handelt sich um die Nummern XXII., XXV. und XXVI. im Register: *Nach einem Gebirge reiten, Von einem Scherenschleifer, Von einem Riesentöter;* sie gehören, obwohl sie am Ende stehen, zu den ältesten in jenes Buch aufgenommenen Texten. Bei XXII. findet sich die Marginalie: „Mit diser *poetischen aventure* heben jene an, darinnen mein husar am Münster etlich *reminiscencen* seiner weidt bereiseten vergangenheit zum besten giebet."[44].
Zur Textgestalt ist zu sagen: Offensichtliche Schreib- und Tippfehler wurden ohne Hinweis korrigiert; spätere Korrekturen von Artmann werden nur in Ausnahmefällen besonders erwähnt; alle Texte sind auf Artmanns Wunsch in gemäßigter Kleinschreibung wiedergegeben, während Manuskripte und Erstdrucke zwischen dieser und radikaler Kleinschreibung schwanken (einige Drucke, jene in den „Mödlinger Nachrichten" etwa, sind in der konventionellen Groß- und Kleinschreibung gehalten). Statt „ß" steht immer „ss"; eine graphische Eigenheit, die Artmann beibehielt, auch als er längst über Schreibmaschinen mit „ß" verfügte (erst bei *Fleiß und Industrie* hat er zu dem bis dahin verschmähten Buchstaben Neigung gefaßt). In Einzelfällen *(cannibalen)* wurde der Einheitlichkeit zuliebe ein „k" gegen das von Artmann in ähnlichen Fällen häufiger gebrauchte „c" ausgetauscht. Die Zeichensetzung ist in den Manuskripten und Erstdrucken schwankend und wurde auch nicht durchgehend normalisiert, doch wurde versucht, „falsch" gesetzte Beistriche zu tilgen und eine gewisse Regelmäßigkeit zu erreichen[45]. Artmann geht mit den Beistrichen generell sparsamer um als der Duden,

versucht ihren Gebrauch dem in anderen europäischen Sprachen zu nähern. Divergenzen von Text zu Text gehen nicht nur auf seine Inkonsequenz zurück, sondern auch auf den unterschiedlichen Grundrhythmus in den einzelnen Texten, der vom Staccato bis zum Ineinanderfließen der rhythmischen Redeeinheiten reicht. Bei den Texten dieses Bandes dominiert bei weitem der zweite Typus.

Von den Titeln, die Konrad Bayer erwähnt hat, bleibt weiter verschollen: *kleiner roman in bruchstücken* (s. Anmerkung 26), *monolog von der traurigkeit der hände*[46], *landschaft der semaforen*, *das märchen vom mädchen mit den roten strümpfen*. Die Artmann-Prosa der folgenden Jahre dürfte der Band *Von denen Husaren* bis auf Fragmente vollständig enthalten. Von den Stücken ist *Die Zyklopin* im Theaterband enthalten; das Libretto *der knabe mit dem brokat* und eine kürzlich wiedergefundene kurze Szene, *ein tarockes stück*, von der Bayer nichts wußte, sind bisher noch unpubliziert. Der bei Bayer gleichfalls nicht erwähnte lyrische text *entwurf zu einer klage* ist im Gedichtband zu finden; was aus diesem Zeitraum sonst noch wiederzufinden und zu katalogisieren bliebe, sind u. a. die zahlreichen Übersetzungen, von denen einige die *publikationen* enthalten.

MYSTIFIKATIONEN IN MÖDLING

Bei der Nennung Mödlings ergehen sich die Eingeweihten in gemurmelten Andeutungen, tuscheln über die zoologische Rarität der Eichkogel-Gemsen oder raunen von der kunsthistorischen Sensation des wiederentdeckten Eskimo-Rokoko; zuweilen weiß einer gar zu berichten, die Besonderheiten dieser kleinen Stadt im Süden Wiens seien ganz gewiß auf einen nahen Erdnabel zurückzuführen — keiner freilich vermag denselben genau zu lokalisieren.
Die Beziehungen Artmanns zu einem Mödlinger Schwesternpaar (wobei jede nur von dem eigenen Glück, nicht von dem der andern gewußt haben soll) sind eine Andichtung, der allenfalls im Bereich der Faktizität, nicht aber in jenem der Poesie Existenzberechtigung zukommt. Wichtiger mag es für unseren Gegenstand sein, zu erfahren, daß gerade damals Werner Riemerschmid in Mödling wie in Wien über die Themen „Schwarzer Humor" und „Prosagedichte" (mit Beispielen) sprach[47] und daß Artmann bei diesen Gelegenheiten gehört haben mag, was ihm in dieser Hinsicht noch nicht bekannt war.
Für jene Seite der Beziehungen zwischen Artmann und Mödling, die sich in einem Presseerzeugnis von jenem speziellen Mödlinger Zuschnitt, den oben erwähnten „Mödlinger Nachrichten", manifestierte, haben wir als Kronzeugen Wieland Schmied um eine Darstellung gebeten. Er hat nun das Wort:

Ich lernte H. C. Artmann im November 1950 bei einer Lesung junger Autoren in Wien kennen und sah ihn dann öfters im Kreis der „Neuen Wege". Unsere Freundschaft entstand spontan. Ich möchte heute, wie ich es schon früher getan habe, bekennen, daß diese Begegnung eines der entscheidenden Erlebnisse meines Lebens gewesen ist und daß ich durch Artmann beinahe schlagartig die moderne Dichtung, die moderne Kunst begreifen lernte, durch ihn lernte ich Joyce, Pound, Garcia Lorca, Neruda kennen, er gab mir die ersten Hefte des „Plan", der „Surrealistischen Publikationen" von Max Hölzer. Ebenso entscheidend wie diese Vermittlung der Texte waren mir Artmanns eigene Arbeiten, vor allem aber das Beispiel seines Lebens, das, was er später als den „poetischen Akt" definierte. Die „Mystifikation" war in diesem Zusammenhang eine der Möglichkeiten, banales Leben zu verwandeln, d. h. durchsichtig, transparent, geschichtlich, poetisch, dichter zu machen, es mit Sinn aufzuladen, auch wenn dieser dem Uneingeweihten als Unsinn erscheinen mußte. Eine Reise, im Herbst 1951 mit Artmann unternommen, nach Venedig, Verona, in die Lombardei, führte uns durch viele Jahrhunderte, in Shakespeares Zeiten.

Ich war von etwa September 1951 bis Mai 1952 „Redakteur" der „Mödlinger Nachrichten". Die „Mödlinger Nachrichten" waren damals — und sind es noch heute — ein kleines lokales Blättchen, das wöchentlich einmal im Umfang von vier Seiten, inklusive Inserate (die Hauptspalte hieß „Ausg'steckt is'" sowie die Spielpläne der „Lichtspielhäuser" . . .) erschien. Vor mir war Peter Weiser Redakteur, nach mir Humbert Fink, aber nur für wenige Wochen, da er in seiner Zeit die „Besatzungsmacht" „verunglimpft" hatte. Ich verdiente als „Redakteur" 150 Schilling pro Woche, hatte allerdings nur drei Tage zu tun, Montag—Mittwoch mittag. Ich schrieb fast das ganze Blatt allein, von den Gerichtssaalberichten bis zu kommunalen Kommentaren, nur die Arzt- und Apothekenbereitschaften sowie die Liste der Todesfälle und Eheschließungen stammten nicht von mir.

Es war mein Ehrgeiz, jede Woche wenigstens eine total erfundne Meldung zu bringen. Hinter vielen dieser Mel-

dungen stand Artmann als „spiritus rector" — so etwa hinter der Geschichte von den keltischen Funden auf der Römerwand — einer künstlichen Ruine, die aus der Zeit der Romantik stammt —, die der Keltologe Peter Rhidian Williams, ein gemeinsamer Freund, der aus Wales stammte, dort getan hätte[48]. Natürlich war Williams kein Keltologe, und natürlich hatte er nichts gefunden. Oder ich brachte die angebliche TASS-Meldung aus Kiew, daß dort Professor Stowasser eine neue Weizensorte gezüchtet hätte, von der 1 Kilo einen Menschen 1 Jahr lang ernähren könnte— dahinter stand Hundertwassers „Weizentheorie", die er mir einmal im Art-Club erzählte. Ich druckte auch einzelne Texte von Artmann ab, auf die sich bald viele wütende Leserbriefe einstellten[49] — Mödling fühlte sich zum Narren gehalten. Einzelne dieser Briefe erschienen dann auch. Ich druckte von Ambrose Bierce die Geschichte „Mein schönster Mord" ab (oder „Mein Lieblingsmord"), die ich dem „Lot" entnahm, die Geschichte erschien in mehreren Fortsetzungen. Man hielt das, fälschlich, für eine Mystifikation — und Artmann oder Riemerschmid für den Verfasser, an die Existenz von Bierce glaubte niemand! Die letzte Folge mußte ich unter vielen Drohungen umschreiben — ich erfand einen Schluß dazu, in dem der Held der Geschichte ins Kloster geht und über sein verpfuschtes Leben nachsinnt und seinen „schönsten Mord" kräftig bereut usw. — Es erschienen auch einzelne Glossen, die sich auf Interna unseres Kreises bei den „Neuen Wegen" bezogen und die so verschlüsselt waren, daß sie kein Mensch verstand[50]. Sie hatten auch wirklich in den „Mödlinger Nachrichten" nichts zu suchen. Das Merkwürdige aber war, daß das Blättchen trotzdem florierte und gelesen wurde — schließlich hat man mich aber doch hinausgeworfen, weil ich zuviel Unfug gemacht hatte.

Ein besonderes Kapitel sind die „Geistererscheinungen in der Hinterbrühl", über die laufend berichtet wurde[51]*. In der Hinterbrühl gab es damals ein „Spukhaus", dem man nachsagte, daß sich dort „okkulte Phänomene" abspielen sollten. Wir versuchten der Sache auf den Grund zu gehen, hörten allerhand Gerüchte, die aufgebauscht in den „Mödlinger Nachrichten" erschienen, halfen auch, in seltsamer Geisterverkleidung, diesen Phänomenen kräftig nach — Artmann war natürlich dabei, einmal mußten wir Hals über Kopf vor der von dem „Geisterseher" herbeigerufenen Polizei flüchten. Viele entkamen, einige kriegten sie zu fassen ... Unser Glück war, daß der „Geisterseher" in seiner Wut maßlos übertrieb, behauptete, wir hätten ihn ermorden oder nach Sibirien entführen oder ihn als rituelles Opfer auf der Römerwand schlachten wollen, worauf die Polizei ihm noch weniger glaubte als uns, die wir von freundschaftlichem Schabernack und Studentenulk sprachen, wir kamen mit einer Geldstrafe wegen „nächtlicher Ruhestörung" und „öffentlichem Ärgernis" davon.*
Ich brachte die jeweils neueste Nummer der „Mödlinger Nachrichten" nach Wien mit, wo sie von Artmann, Altmann und anderen Freunden immer mit Hallo begrüßt wurde. Einige Jahre hindurch war Mödling — auch als es die „Mödlinger Nachrichten" unter unserer Regie nicht mehr gab — ein Stützpunkt für vielfache Unternehmungen und Mystifikationen im Sinne des „poetischen Aktes". Artmann war damals in Mödling wie zu Hause, hatte dann auch Kontakt mit Heribert Vesely, bei dem einmal der „Dr. Faust-Klub" wegen angeblicher „Orgien" ausgehoben wurde. Viel Wirbel in einer kleinen Stadt.

Soweit in dankenswerter Bereitwilligkeit Wieland Schmied. Eine Neuausgabe der „Mödlinger Nachrichten" mit den literarischen Beiträgen und echten und falschen

Meldungen von damals wird in Erwägung gezogen. Weitere Details mögen einer Untersuchung „Artmann und die Presse“ vorbehalten bleiben, in der neben den Scherben vieler blinder Spiegel und dem Kapitel „Artmann als Feuilletonist“ das Kapitel Mödling das wichtigste und — für beide Seiten — das rühmlichste wäre.

ANMERKUNGEN

1 Die kursiven Stellen sind Zitate aus der *acht-punkte-proklamation des poetischen actes* vom April 53, die mit der erwähnten Einschränkung auch für Artmanns ästhetische Haltung vor diesem Zeitpunkt Gültigkeit hat (siehe auch Anm. 25). Auch nach Abfassung dieser Proklamation hat ja Artmann auf eine Vermittlung durch Schrift und vor allem Sprache nicht gänzlich verzichtet. — Der Text ist schon so oft abgedruckt worden, daß auf eine neuerliche Wiedergabe verzichtet wurde. Er ist nachzulesen in: Konrad Bayer, *hans carl artmann und die wiener dichtergruppe,* zuerst in *werkstatt aspekt 1,* 1964, aufgenommen in *Aufforderung zum Mißtrauen,* Residenz Verlag, 1967, wiederabgedruckt als Frontispiz zu H. C. Artmann, *ein lilienweißer brief aus lincolnshire — gedichte aus 21 jahren,* hgb. v. Gerald Bisinger, Suhrkamp Verlag, 1969; auch das Vorwort von Gerhard Rühm zu dem Sammelband *Die Wiener Gruppe — Texte, Gemeinschaftsarbeiten, Aktionen,* Rowohlt Verlag, 1967, enthält den Text der Proklamation. Zur Einführung vgl. man weiters von P. O. Chotjewitz, *Der handkolorierte Dichter,* in: *Der Landgraf zu Camprodón. Festschrift für den Husar am Münster Hieronymus Caspar Laertes Artmann.* Hgb. von seinen Freunden Gerald Bisinger und Peter O. Chotjewitz. Verlag Ulrich Ramseger, 1966; vorabgedruckt (unter dem Titel *Sechzehn Jahre Artmann)* in LuK 3/66; sowie sein Vorwort zu H. C. Artmann, *die fahrt zur insel nantucket,* Luchterhand Verlag, 1969 („Alles was H. C. für das Theater geschrieben hat").

2 „Poesie: eine Wäscheleine ausgespannt zwischen einem Leuchtturm und einem Kirschbaum" — diese Definition paßt besser zu Artmann als der bekannte Satz Lautréamonts; allerdings sind die Kontrast- und Verblüffungs-

effekte in den hier publizierten Texten noch nicht so kraß (das sollte noch kommen, in den *inventionen* z. B.). *Stupore, surprise* und Innovation sind jedoch Begriffe, die auf Artmanns Intentionen schon zu diesem frühen Zeitpunkt anwendbar sind; charakteristisch für ihn ist zugleich der Rückgriff auf ältere Formen, der gezielte „Anachronismus" als Mittel der Absonderung, der Absage ebenso an die konservativen heimischen Wald-, Wiesen- und Blubotendenzen wie an das sich bildende Juste-milieu des österreichischen oder deutschen Literaturbetriebes nach 45 und 47. Kurzprosa, lyrische Prosa, Gedichte in Prosa haben viele Autoren geschrieben; die „Neuen Wege" wären daraufhin durchzusehen, die verschiedensten Ausformungen zu registrieren (bei Ilse Aichinger, René Altmann, Gerald Bisinger, Jeannie Ebner, Friederike Mayröcker, Max Hölzer — s. die „Surrealistischen Publikationen", Andreas Okopenko, und bis zu Wolfgang H. Fleischer und zur frühen kurzen Prosa Thomas Bernhards; ein bezeichnender Zufall: Durchschläge ähnlicher *Ereignisse,* wie sie von Bernhard 1969 in den LCB-Editionen erschienen sind, fanden sich bei einem gemeinsamen Freund in einer Mappe, auf der von Artmanns Hand der Titel des verschollenen Romans *Aeronautischer Sindtbart* zu lesen ist). Natürlich gehen diese verschiedenen Formen, denen gemeinsam ist, daß sie kaum epischen, erzählenden Charakter haben, dafür dem Lyrischen sich mehr oder weniger nähern, weder allein auf Artmanns Einfluß zurück (in Einzelfällen jedoch sehr deutlich) noch auf Riemerschmids Vermittlung französischer Prosagedichte (s. u.); dank ihrer kunstvollen, einer geheimen Prosodie folgenden Sprachform verdient vor allem Artmanns Kurzprosa die Gattungsbezeichnung „Gedichte in Prosa". Aloysius Bertrand, auf den sich schon Baudelaire bei seinen *Petits Poèmes en Prose* berufen hat, ist von Bayer und Chotjewitz als Vorläufer angeführt worden; eine unmittelbare Anregung ist aber fraglich, wenn sich auch für den verwandten Tonfall und Berührungspunkte in der Thematik und in der Haltung viele Stellen aus dem *Gaspard de la Nuit* (auch in der deutschen Nachdichtung von Bodeck) zum Zitieren anbieten. Deutlicher ist die Beziehung zu Ramón Gómez de la Serna; nicht nur auf seine *Greguerías,* auch auf seine *Fantasmagorías* greift Artmann bei der Klassifizierung seiner frühen Prosa zurück. Affinitäten zeigen sich auch in der revolutionären Emphase, im Originalitätsbegriff und in der individualistischen Assimilierung verschiedenster Ismen.

3 Das erste fleckig, an den Rändern eingerissen und zerbröselnd; dickeres, keineswegs holzfreies Papier; die beiden anderen dünner und in etwas besserem Zustand.

4 Die Eintragungen erfolgten zum Großteil zunächst mit Bleistift, dann mit Kugelschreiber nachgezogen (einiges ist von Blatt 1 auf Blatt 2 durchgedrückt). Die betreffenden Titel sind unterstrichen.

5 *1.* Lesungen und Rundfunksendungen (in Klammern die betreffenden Nummern der Liste) in chronologischer Folge: R 48 = RAVAG 12. 3. 48 (10) — Ka = Kammersaal 5. 5. 50 (10, 11) — Mö 50 = Mödling Beethovensaal 7. 6. 50 (21) — R 50 = RAVAG 5. 9. 50 (1, 3, 12, 15, 24, 38) — EV = E. Verl. Lesung 29. 10. 50 (28, 32, 40, 41, 44, 48, 50, 51) — ES = Ehrbar-Saal 19. 11. 50 (24, 44) — Ke = „keller" dez. 50 (15, 29, 37, 40, 41, 54) — U = Urania 10. 1. 51 (28, 32, 66) — Mö 51 — Mödling Beethovensaal 19. 5. 51 (10, 51, 54, 75, 77) — R 51 = RAVAG 2. 10. 51 (15).

2. Zeitschriften, Zeitungen, Bücher: NW = *Neue Wege,* pub = *publikationen einer wiener gruppe junger autoren,* hgb. von Andreas Okopenko, MN = *Mödlinger Nachrichten,* A = *Alpha.* Neue Dichtung. Hgb. von Hanns

Weissenborn, E = *Eröffnungen.* Magazin für Literatur und bildende Kunst. Hgb. von H. F. Kulterer, WidZ = *Wort in der Zeit,* LuK = *Literatur und Kritik,* FS = Festschrift (s. o.), lwb = *ein lilienweißer brief aus lincolnshire* (s. o.) — die Zahlen hinter den beiden letzten Sigeln sind Seitenangaben.

3. v = verschollen, u = bisher unpubliziert (aber 14, 19 und 29 als Vorabdruck in LuK 45/70).

6 Schreibmaschine mit Perlschrift, Beschriftung zweizeilig; das Blatt enthält Nr. 1—32 und ist nach der Regelmäßigkeit, mit der die Zeilen untereinander stehen, in einem Zug geschrieben worden; das bedeutet, daß zu diesem Zeitpunkt alle darauf angeführten Titel bereits vorhanden waren. Die Reihenfolge muß somit nicht streng den Entstehungsdaten folgen; daß sie es annähernd tut, ist erwiesen. Links neben 15: *1950.* Aber schon weiter oben stehende Texte datieren aus diesem Jahr.

7 Das unter dem Titel *juni* bekannte Gedicht. Es heißt im Text nicht *ferner,* sondern *heiterer;* wenn dies nicht ein bloßer Schreibfehler ist, könnte es der Reflex einer früheren Fassung sein. Mit 45 war eine Abschrift datiert, die außer diesem Gedicht die ersten in lwb publizierten umfaßte. Artmann hält es für möglich, daß er eine solche frühere Fassung, die 48 gesendet wurde, überarbeitet hat; so können auch andere Texte aus früherer Zeit in Neufassungen auf dieser Liste verzeichnet sein; vielleicht ist deshalb aus den Jahren vor 49 nicht mehr erhalten.

8 Auch hier *fernen* — statt richtig *alten.*

9 In der FS als unveröffentlicht bezeichnet, obwohl Chotjewitz auf den NW-Abdruck Bezug nimmt: *... die erste Prosaveröffentlichung Artmanns; acht oft nur wenige Worte oder Zeilen lange Personagen, von denen es sehr viel mehr gegeben haben muß.* Vielleicht stand Chotjewitz und Bisinger das Originalmanuskript zur Verfügung. In

den NW hatte dieser Text den Titel *Prosa*; im Inhaltsverzeichnis des Jahrgangs steht er mit diesem unter der Lyrik verzeichnet — bezeichnend für die gattungsmäßige Ambivalenz. — Die Korrektur *wie von wilden* (gestrichen: mit) *ruten geschlagen* hat anläßlich des E-Abdrucks Artmann selbst vorgenommen.

10 Typoskript auf fleckigem und vergilbtem Papier, von glatterer Qualität als Blatt 1. Ohne Änderungen bis auf die Streichung einer letzten Zeile. Mit Tinte numeriert *XIII.*

11 Typoskript auf Papier wie Blatt 2 und 3 (im folgenden kurz als P), num. *xiv.*, dat *28. 11. 1950.* Wie auch bei 19 und 29 sind die Absätze abwechselnd links und rechts angeordnet; davon wurde des schmalen Satzspiegels wegen in diesem Band abgesehen.

12 Laut FS am 24. 2. 50 entstanden, die Hgb. dürften von Okopenko das Originalmanuskript erhalten haben. Bisinger hat diesen Text noch zur Lyrik gezählt und in lwb aufgenommen. Vgl. *Wir fischten einen Busch auf, der voll roter Beeren stand, die Hagebutten ähnelten* ... (E. A. Poe, *Die denkwürdigen Erlebnisse des Gordon Pym).*

13 Typoskript auf P, mit Bleistift über dem Text *Aus den „fantasmagorien"*, der Titel am linken Rand, die Datierung *märz. 17* am rechten. Einzelne kleine Korrekturen. Wirksamer wäre dieser Text vielleicht, wenn man den zweiten Teil einfach wegläßt, weil er zu trivial ist, nicht fantasmagorisch. Doch vgl. man zu dieser Trivialität auch 19/1, 30 und 35.

14 Mit Tinte auf zwei Blättern P, num. *XV.*, Überschrift *aus den „surrealen greguerías"*. Die Umstellung *wenn ich eindringe* (statt *eindringe* am Ende, so meistens zitiert) ist von Artmann mit Bleistift notiert, ebenso bei 9 statt *vor dem fenster barfuss.* — Eine Woche, bevor Okopenko in der *Welt am Montag* die Nr. 1 als Aphorismus zitiert

(daß man mit dem jungen Schriftsteller Artmann ausrufen möchte: . . ., in einem Leserbrief zum Streit über theaterwürdige Kleidung der Stehplatzbesucher), erscheint dieses Blatt mit der Schlagzeile *Zingerles Auslieferung gefordert* (vgl. dazu Okopenko, *Zum Fall „Neue Wege"*, 11. — in LuK 9-10/66 und in *Aufforderung zum Mißtrauen*, Residenz Verlag, 1967). In derselben Nummer wie das Zitat findet sich ein — fantasmagorischer — Bericht über das Unglücksmuseum der Frau Judith Calcott aus Southampton: . . . *Die ehemals wundervoll eingerichtete Villa war in ein Museum verwandelt. Alle die Dinge, die irgendwo Unglück gebracht hatten und deren sie habhaft geworden war, waren auf Tischen und in Schränken, auf Borden und Stühlen ausgelegt, katalogisiert und numeriert. Da lagen Stricke, an denen sich Lebensmüde erhängt hatten, da gab es ein Bild, das vom Nagel heruntergefallen war und einen Menschen getötet hatte, Autoreifen, die durch Platzen einen verhängnisvollen Zusammenstoß zur Folge gehabt hatten, Gläser, die zerbrochen waren, Federn, mit denen letzte Abschiedsbriefe geschrieben worden waren . . .*

15 Die eigentlichen Greguerías von Artmann sind nicht überliefert. Was vorliegt, schließt sich an einige wenige Beispiele des Erfinders der Gattung, des Spaniers Ramón Gómez de la Serna, an, wie z. B. *Wie traurig sind doch die Nüstern der Mauleselinnen* — für diese und ähnliche 1910 entstandene Greguerías nimmt der Autor das Epitheton „surrealistisch" in Anspruch. Eine Auswahl aus seinen zahllosen anderen haben Artmann und Hanns Weissenborn übersetzt und in Alpha 9 publiziert (mit der gregueresken Definition: *Die greguería ist ein nasenstüber, aus dem gedächtnis rezitiert).* Hier einige Kostproben zum Vergleich: *Aus der Schreibmaschine lächelt uns das falsche Gebiß des Alfabets an. — Der Ventilator rasiert die*

Hitze. — Ein Schwan ist das große S im Gedicht des Teichs. — Der Rost ist die Blüte des Metalls. — Der Mond ist ein Grabstein ohne Inschrift. — Wenn man einen verlorenen Handschuh aufhebt, schüttelt man dem Tod die Hand. — Aus der Fülle der Definitionen, die Ramón Gómez de la Serna für die Greguería noch gibt, seien nur zwei weitere zitiert: *Greguería = Metapher + Humor;* und: *Greguerías sind Haikus in Prosa.*

16 Typoskript auf etwas dickerem Papier, rechts oben *aus den „fantasmagorien"*, Titel *DAS MÄRCHEN.*

17 Auf einem ca. halben Blatt P; zwei italienische Zeilen, quasi als Vortragsbezeichnung, sind mit Kugelschreiber bis zur Beinahe-Unleserlichkeit gestrichen.

18 In den MN unter dem Titel *Unheimliche Verschwörung;* dem Text war folgende Gebrauchsanweisung vorangestellt (die auch in der FS mit abgedruckt ist): *In meinen „conspiradores" ging es mir um die Zeichnung des Menschlich-Allzumenschlichen, das uns unvermutet in den tragischesten Momenten unseres Lebens heimsucht. Wem von uns, sei es nun König, Oberlehrer, Apotheker oder Länderentdecker, erwies sich nicht immer wieder der superbe Ausspruch Sigmund Freuds als wahr: „Nicht im Herzen sitzt unser Gefühl, wie uns die Poeten weismachen wollen, sondern im Gedärm." In diesem Sinne möge der Leser meiner biderben Art folgen.* — Span. rincón: Winkel, Ecke.

19 Ernst Hartmann, Mitarbeiter der MN (siehe in derselben Nummer wie dieser Text seine Rezension „Konzert Hans Duhan"), hatte in der folgenden den Autor und die Raben in einen unzumutbaren Zusammenhang zu rücken versucht (nicht gerade liebenswürdig, aber auch nicht so rabiat und gehässig wie polemisierende Kollegen in den NW); Artmann sah sich zu der folgenden *Feststellung des Autors* veranlaßt: *Mit meinem „Fernrohr" versuchte ich*

die makabre Ästhetik, die sich in den Totentanzholzschnitten des ausklingenden Mittelalters manifestiert, in neuem Gewande wiedererstehen zu lassen. Es mag zwar irgendwie ein Wagnis gewesen sein, eine dergestalt mit durchgeistigtem Humor erfüllte Arbeit ohne Kommentar in den Druck gegeben zu haben, aber ich glaube nicht zu irren, daß das aufgeschlossene Mödlinger literarische Publikum auch so verstanden haben wird, worum es mir ging.

20 33 bis 48 mit einer Maschine mit größeren Typen, dann wie Blatt 1. Einzeilig; bis 47 vermutlich in einem Zug geschrieben, 48 steht isoliert, 49 bis 61 in einem, die weiteren, wie es scheint, nach und nach einzeln.

21 Typoskript auf P, dat. *12. iv. 1950.*

22 Okopenko dürfte die Originale beigestellt haben, da die FS diesen Text und die zwei folgenden, die als ein Ganzes behandelt werden, als unveröffentlicht anführt. Reihenfolge 40, 42, 41.

23 In der FS ebenfalls als unveröffentlicht, s. o.

24 44 und dieser Text stehen (in umgekehrter Reihenfolge) auf einem Halbblatt P, *wirkliche* ist handschriftlicher Zusatz. Auf der Rückseite der fragmentarische Anfang von 46, ein komplettes Ms. hat sich nicht gefunden.

25 *Man hat mir zum wievielten male nahegelegt, als irgendwie hauptbeteiligter (oder rädelsführer) zur diskussion für und wider surrealismus stellung zu nehmen. Ich denke, mit meiner antwort lange genug gezögert zu haben und will deshalb an dieser stelle ein paar worte einwerfen. — Die meiner meinung nach in frage kommenden autoren wären in erster linie Helene Diem, René Altmann und H. C. Artmann. Die genannten schreiben natürlich surrealistische gedichte; doch ist bis heute noch keines davon in den „Neuen Wegen" veröffentlicht worden und deshalb erübrigen sich von* vornherein *sämtliche*

orginalaufsätze, angefangen von Eisenreich via Jungwirth bis Wawerda. Und es besagt schließlich genug, wenn herr Wawerda mit unvergleichlicher spitzfindigkeit merkt, daß mein „vorsommerliches rondo" nicht surreal, sondern ausgesprochen zahm sei und nur der großbuchstaben entbehre. Der chronist verzeichnete weyland allerdings mit ungläubigem erstaunen, daß mich herr Wawerda (ein centurio primi pili sondergleichen) aus einer avantgarde zieht, um mich ins literarische hinterland zu versetzen. Nichtsdestotrotz wäre ich, auch ohne jemals ein gedicht geschrieben zu haben, schon allein in meiner lebenshaltung und -anschauung ein surrealist. *Quod erat demonstrandum. — Wo nun, frage ich, kämpft der lyriker Wawerda eigentlich, wenn ich und meine nächsten freunde in der arrièregarde maßliebchen pflückend versauern — ? — ... that is the question.*

26 Der Text, der diesem Titel auf der Liste zugeordnet wurde, trägt im Manuskript (Bleistift auf liniertem Papier) nur die Überschrift *XI. Tag* (dat. *14. 12. 50)*. Es könnte sich freilich um ein Fragment — das einzige erhaltene — von *kleiner roman in bruchstücken* handeln. Da dieses Einzelstück sich zwanglos unter die *Fantasmagorien* einreihen läßt, kann man auch die Vermutung anstellen, daß dieser *roman* nachträglich aus einzelnen Fantasmagorien arrangiert worden sei.

27 Selim Eichelsieb, ebenso der Handleser Runtelzirg und der große Illusionist Noureddîn Archenzohr (s. *Enthüllungen* 5. und 8.) begegnen wieder in der ersten (und einzigen) der *verbaristischen szenen* (von 1954); Runtelzirg und sechs weitere dort zu findende Namen treten in dem Stück *des zaren dach*, Ursaw von Glonnensaltz in *aufbruch nach amsterdam* auf.

28 Gestrichen. Andere Texte mit span., frz., engl. Titeln sind wohl in deutscher Sprache abgefaßt gewesen.

29 Vgl. zu 5 die Pantomime *Die Zyklopin,* zu 6 vgl. *nagen.*
30 Handschriftlicher Zusatz. Der Rest von Blatt 2 ist leer geblieben. Nr. 69—74 sind nirgends verzeichnet. Es ist aber kaum wahrscheinlich, daß ein viertes bzw. drittes Blatt verloren ist; vielleicht hat Artmann diese Nummern ausgelassen, um in dieser Aufstellung etwa vergessene Titel hier nachzutragen.
31 Es enthält Nr. 75—86, ist mit der Perlschriftmaschine, vermutlich in einem, beschrieben. Die letzten Daten, die diese Listen anführen, sind September 51 (Veröffentlichung in den *publikationen,* lt. FS Oktober) und 2. 10. 51 (Radiosendung). Veröffentlichung im Dezember (32 in den MN, *Dies ist eine geschichte* in *pub)* sind nicht mehr verzeichnet; da war Artmann (ein für allemal) die Lust an solchen Werkverzeichnissen vergangen. Bis dahin aber hat er diese Blätter mehrfach in der Hand gehabt — hat er nach dem 15. März 51 nicht mehr geschrieben oder hat er es schon früher sattbekommen, neu entstandene Titel hier zu katalogisieren? Die nächsten erhaltenen und datierbaren Texte sind mit einer Ausnahme erst 1952 entstanden.
32 Von diesem Gedicht hat sich bisher nur eine englische Übersetzung von Peter Rhidian Williams gefunden.
33 Conga: cub. großes, rattenähnliches Nagetier, venez. Tonsur, Toupet, columb. große, giftige Ameisenart, ant. afro-cubanisches Musikstück.
34 Es wurde einheitlich die Pluralform auch für die Einzeltitel verwendet, im Einvernehmen mit Artmann. Für die Gattungsbezeichnung hat dieser auf Browning verwiesen; lt. Auskunft der *Browning Cyclopedia* dürfte der Zyklus *Dramatis Personae* gemeint sein, der allerdings in Versen, nicht in Prosa abgefaßt ist.
35 Möglicherweise einer jener Texte, denen die Nr. 69 bis

74 zukommen würde. Wie 15 von Bisinger aus der FS in lwb übernommen.

36 Dies ist der einzige noch erhaltene Text, der im Anschluß an 86 entstanden sein könnte. Für eine Zuordnung zu einem verschollenen Titel läßt sich kein Anhaltspunkt finden.

37 Hier zeigt die Prosa einen ganz anderen Rhythmus. Es ist vermutlich ein Fragment aus dem verschollenen (und fragmentarischen) Roman *Der aeronautische Sindtbart. Seltsame luftreise von Niedercalifornien nach Krain.* Die Ansätze einer barockisierenden Sprache verweisen in die Nähe der Husarengeschichten; die Entstehungszeit ist zwischen 1954 bis 1956 anzusetzen. Fällt dieses Stück somit aus dem zeitlichen Rahmen, so paßt es inhaltlich doch recht gut zu den *Fantasmagorien.*

38 Der hektographierte Text, auf den sich der Erstdruck in den E stützte, dürfte den pub entnommen sein. Zum Ende des ersten Absatzes vgl. *Das schloß ist verlassen, ein dornröschen-manor . . . (Dracula Dracula,* Kap. XIX)

39 Aus dem biographischen Begleittext: „Artmann geht es vor allem um das ständige Experiment in der Dichtung, das den Dichter vor dem Finden einer gültigen Form bewahrt und somit vor der Erstarrung.“ Arbeiten: „. . . ein Roman *der oktober ist die deichsel . . .*“ Hier könnte es sich um den *kleinen roman in bruchstücken* handeln. Romanhaft im üblichen Sinne wird jedenfalls sein Umfang kaum gewesen sein. — Zum Absatz *Und er denkt . . .* vgl. *Die Zyklopin oder Die Zerstörung einer Schneiderpuppe.*

40 Das späte Erscheinen Artmanns in Weigels anthologischem Jahrbuch bestätigt, soferne dies überhaupt nötig ist, die Unsinnigkeit der vor einiger Zeit in einer Gazette aufgestellten Behauptung, er habe zu den von Weigel geförderten und propagierten jungen Autoren gehört. Auch

vor Weigels parodistischer Attacke gegen die Dialektgedichte war die Beziehung zwischen beiden über kühle Achtung hinaus nie gediehen. — Eine Abschrift überliefert das Entstehungsdatum: 22. 12. 52.

41 Unter diesem Titel ist 1969 bei collis press ein kleiner Druck erschienen, der sich mit diesem Band überschneidet, jedoch nur die zuvor schon in der FS und den E publizierten Prosastücke enthält. Der Text der FS folgt dem Erstdruck in den NW; der hier abgedruckte Text hingegen geht auf eine Mappe des Art-Clubs zurück, wo 1953 neben der bildenden Kunst auch literarische Werke (von Gütersloh, Artmann, Altmann, Jeannie Ebner, Jandl, Williams, Uhlmann, Schmied, Okopenko und Kein) an den Wänden ausgestellt waren. Datierung: 10. II. 53. — Die spätere, durchgesehene Fassung weicht von dieser vor allem hinsichtlich der Zeichensetzung ab (mehr Beistriche, viele Gedankenstriche); da der freier fließende Rhythmus jedoch charakteristisch ist für die Entstehungszeit, und den damaligen Intentionen des Autors, die hier dokumentiert werden sollen, besser entspricht, haben wir uns an die ältere Fassung gehalten. Im Wortlaut finden sich ebenfalls einige kleine Veränderungen, die aber nicht so gewichtig sind, daß sie hier angeführt werden müßten.

42 Datiert 26. III. 53. Nach einer Abschrift vom Originalmanuskript, das sich im Besitz von Konrad Bayer befunden hatte (es war nicht mehr zu eruieren). — Am Anfang von Absatz 2 sollte es möglicherweise heißen: *Meine traurigkeit* (einzufügen) *ist schön . . .*

43 Entstanden 1954 in Irún (Mitteilung Artmanns). Wie das letzte der kurzen Stücke weicht dieses von den vorhergehenden ab; doch ist ihnen allen gemeinsam, daß sie nichts Erzählerisches an sich haben. Selbst jene spätere Prosa, die diesen fantasmagorischen Anfängen wohl am nächsten kommt (das Traumbuch *Die grünverschlossene*

Botschaft) bietet mehr Ablauf und Handlung, mehr zusammenhängendes, entwickeltes Geschehen, während in der Prosa dieses Bandes die Vorgänge meist bloß gestreift und angedeutet werden und Stimmungen, Evokationen und stilisierte sprachliche Gestik im Vordergrund stehen.

44 Man vgl. den Anfang von XXV. sowie den Schluß von XXII. und XXVI., wo die Verwandtschaft mit den Texten dieses Bandes besonders deutlich wird; den *drive*, der zu keinem Punkt kommen will, ablesbar z. B. an der parataktischen Satzverknüpfung durch *und*.

45 Vgl. die Marginalie zu *Von einem Scherenschleifer:* „Diese & die folgend *historie* hab ich selbsten ins teutsch gesetzet, maßen sie die zween letzten gewesen, und sie mir mein husar am Münster, deß hispanischen rot-weins schon übervolle, im alten *peruvianisch*en *idiome* zum besten geben. Nun bestehet aber die alt-*peruvianisch* *interpunction* mehrenteils auß bind-fäden & schnür-knoten, welche von deme wasser eins eben niedergehenden blazz-regens so auffgeweichet, daß ich sie nimmer mehr der rechten ordnung nach kunnt auffädlen. Ist derhalben auch die teutsch *interpunction* fort blieben, & gehets, glaub ich, auch ohne sie."

46 Gelesen im Art-Club am 29. 11. 52, also mit dem später entstandenen *Schön traurig ist der tag* nicht gleichzusetzen.

47 In Mödling in der Litererarischen Gesellschaft, damals schon wie bis zu seinem Tod in diesem Jahr geleitet von Dr. Franz Josef Schicht.

48 *Neue Ausgrabungen im Wienerwald: ... Er vertritt bekanntlich die vielumstrittene Hypothese, daß Oenguskulte auch bei den Druiden unserer Gegend verbreitet waren ... Wie erinnerlich, interessiert sich auch ein Gießhübler Ausgräber und Privat-Archäologe für dieses Projekt.* (12. 4. 52)

49 S. 29. 12. 1951 *Von einem Fernrohr* von Ernst Hartmann; in dieser Nummer auch Fortsetzung und Schluß der Bierce-Geschichte *(Aus dem Tagebuch eines Mörders)* mit mystifizierendem Kommentar.

50 *Die bekannte Schweizer Publizistin Esther Wirz-Wyl, H. C. A., weilte am Sonntag, dem 9. März, zu einem kurzen Aufenthalt in Mödling. Sie besuchte bei dieser Gelegenheit die hervorstechendsten Autoren unseres Bezirkes. Esther Wirz-Wyl wird demnächst in der Urania einen Vortrag über den Berner Naturphilosophen René Simmen halten.* (15. 3. 52)

51 *Okkulte Phänomene in der Hinterbrühl?* (19., 26. 1., 2., 9., 16. 2. 52), *Römerwand, Druidenzauber und Okkultismus* (15. 3. 52).

Der Abdruck von „Personaggi von delphinen" und „Nachdem die golddrachen zahm geworden waren" erfolgt mit freundlicher Genehmigung des Suhrkamp Verlages.

Inhalt